Karin Bock-Leitert & Thomas Roithner (Hrsg.)

Der Preis des Krieges

Gespräche über die Zusammenhänge

von Wirtschaft und Krieg

Kontakt zur Redaktion:

preisdeskrieges@frameworx.at

MV WISSENSCHAFT

Karin Bock-Leitert, Thomas Roithner (Hrsg.)

Der Preis des Krieges

Gespräche über die Zusammenhänge
von Wirtschaft und Krieg

Verlag Monsenstein & Vannerdat 2007

Umschlagdesign: Doris Engelmeier
Graphische Gestaltung, Nachbearbeitung: Doris Engel-
meier, S. 30, 48, 89, 99, 101, 102, 103, 130, 159, 160,
170
Umschlagfoto: Thomas Roithner
Satz: draft fachlektorat frieden, Wilhelm Nolte, Hamburg
Druck und Bindung: MV-Verlag

Kontakt: preisdeskrieges@frameworx.at

ISBN 978-3-86582-599-5

Inhalt

Anhang

Vorwort — Der Preis des Krieges

„Der Preis des Kriegs ist der, den ein Land bereit ist zu bezahlen, um einen bestimmten politischen Nutzen zu ziehen."

„Für 10.000 im Golf-Krieg eingesetzter Streubomben könnte man über 10 Millionen Kinder gegen Polio, Masern und Tetanus impfen."

„Die kumulierten Staatsschulden aller Entwicklungsländer betrugen 2002 nur das Doppelte der öffentlichen Verschuldung Frankreichs."

Drei Fakten, die sich mit einem Zitat Ciceros auf den Punkt bringen lassen: „Nervos belli, pecuniam infinitam" — „Der Krieg bezieht seine Kraft aus unerschöpflichen Geldquellen." Dieser Satz gilt noch heute.

Die Zusammenhänge zwischen Wirtschaft und Krieg sind ein Thema, das erst in der jüngsten Zeit in den Focus der Öffentlichkeit gerückt ist. Ein paar Fakten zur Veranschaulichung der Materie:

- Die Abwehr der terroristischen Bedrohungen ließ 2005 die Rüstungsausgaben weltweit auf 1118 Milliarden Dollar steigen. Im Jahr 2000 betrugen sie 784 Milliarden Dollar.
- Die reichen Industrienationen gaben damit zehn Mal soviel für Rüstungen wie für Entwicklungshilfe aus.
- 2003 fielen insgesamt 625 Menschen Terrorattacken zum Opfer, elf Millionen aber starben an Infektionskrankheiten.

Die Ursachen, die Geldgeber, die Gewinner, aber auch die Verlierer und Zukunftsvisionen sowie Lösungsansätze sind Etappen auf unserer Reise durch die Kriegs- und Wirtschaftsgeschichte. Dabei werden auch die Themen

Börse-Spekulationen rund ums Öl und private Militär-firmen, deren Umsatz Experten auf 100 Milliarden Dol-lar schätzen, nicht ausgelassen. Einen kritischen Blick erfahren auch die Hilfsorganisationen, die oft mehr ab-hängig machen, anstatt zu helfen.

Elf Interviewpartner waren es, die sich der Herausfor-derung stellten, Antworten auf nahe liegende Fragen zu geben. Fragen, die aber in diesem Zusammenhang bis-lang kaum gestellt wurden — als Folge des fast schon als unangreifbar geltenden Slogans „Geht's der Wirt-schaft gut, geht's uns allen gut.". Dabei ging es aber auch gar nicht darum, Wirtschaft per se schlecht zu machen, sondern mehr darum, die Welt als Ganzes zu verstehen.

Davon handelte die 45-minütige TV-Dokumentation „Der Preis des Krieges" (Filmtipp siehe Anhang), die 2006 gleich zweimal im Hauptabendprogramm auf 3SAT ausgestrahlt wurde. Die Rückmeldungen von Seherinnen und Sehern waren ungemein zahlreich, und das Bedürf-nis nach einer tiefer gehenden Auseinandersetzung mit dem Thema wurde deutlich. Doch für eine 45-minütige TV-Dokumentation kann man leider nur einen Bruchteil der spannenden Antworten verwenden. Da alle weite-ren Aussagen zu einem besseren Verständnis der Zu-sammenhänge beitragen, wollten wir diese niemandem vorenthalten.

Die Basis dieses Buches sind daher die Interviews aus den Bereichen Friedens- und Politikwissenschaft, Mili-tärwissenschaft, Journalismus und Kommunikationswis-senschaft, die wir auf der 22. Internationalen Schlainin-ger Sommerakademie „Die Weltunordnung von Ökono-mie und Krieg" im Juli 2005 auf Burg Schlaining aufge-zeichnet haben (weiterer Buchtipp siehe Anhang). Auch das Echo auf diese Veranstaltung und die Publikation zeigte das Bedürfnis, den Zusammenhang von Wirtschaft und Konflikten weiter auf der Agenda zu behalten.

Ein herzlicher Dank gebührt jenen, die uns für die Illustration des Buches Graphiken und Visualisierungen zur Verfügung gestellt haben. Besonders dem HIIK (Heidelberger Institut für Internationale Konfliktforschung), der Le Monde Diplomatique (Atlas der Globalisierung), dem United Nations Development Programme (UNDP), Stefanie Hertlein, Franz Nuscheler, Thomas Seifert und Klaus Werner, Dieter Senghaas, Florin Vadean und Jean Ziegler möchten wir danken.

Für die Korrekturarbeit sind wir Eva Bock, Rita Glavitza, Georg Leitner und Alois Reisenbichler zu großem Dank verpflichtet und für die Abschrift der mündlichen Interviews Hans Leitert.

Karin Bock-Leitert und Thomas Roithner

Wien, 25. Mai 2007

150 Dollar für Militarisierung — 1,5 Dollar für die UNO

ANDREAS ZUMACH

Es geht um den Preis des Krieges: Was wäre für Sie ein kurzes philosophisches Statement über diesen?

Der Preis des Krieges ist neben den direkten Menschenopfern, die zählbar sind, die Verrohung von Gemütern und Seelen, die meistens über Jahrzehnte, mindestens eine, wenn nicht zwei Generationen nach Kriegsende andauern.

Wie sehen Sie die Zusammenhänge von Wirtschaft und Krieg?

Die meisten Kriege des letzten Jahrhunderts und zunehmend auch die aktuellen Kriege, wie zum Beispiel der Irak-Krieg, werden aus wirtschaftlichen Motiven geführt. Besonders in ökonomisch benachteiligten Gebieten werden Kriege um begrenzte Ressourcen geführt, etwa Wasserkriege irgendwo in Afrika, und Territorienkriege um Einfluss. Zunehmend werden es Kriege um Öl und andere fossile Energiestoffe sein — das wird die Kriegsursache der nächsten 30 Jahre, das ist der Zusammenhang. Die Behauptungen, dass die Jugoslawien-Kriege ethnisch oder religiös begründet wären, sind nicht zutreffend und nicht die Ursachen dieser Konflikte. Jene Begründungen sind später benutzt worden, hinzugekommen und instrumentalisiert worden.

*Lässt sich eine Kostenrechnung für das „Unternehmen"
Krieg erstellen?*

Man kann von einem Krieg genau sagen, was Waffen
und Munition gekostet haben, die dort eingesetzt und
verschossen wurden. Man kann auch die Zerstörung von
Gebäuden einigermaßen beziffern. Bei der Einschätzung von Umweltschäden, die zunehmend als Konsequenz von Kriegen entstehen, wird es schon viel
schwieriger, auch das ist aber berechenbar. Die Men-
schenopfer hingegen und was in den Köpfen, Herzen
und Seelen der Überlebenden angerichtet wird — diese
Schäden sind nicht messbar.

*Es gibt Vergleiche, was man um das gleiche Geld
machen könnte. Sind diese Ihrer Meinung nach zulässig?*

Die Vergleiche hinsichtlich der Finanzierung von Kriegen und zivilen Bereichen sind sehr zahlreich und sehr
zutreffend, werden aber oft bestritten und als unseriös
abgetan. Ich halte sie aber überhaupt nicht für unseriös. Wenn eine Regierung X, sei es die österreichische,
die deutsche oder die schweizerische, entscheiden
kann, hundert Millionen Euro in den Kauf von Waffen
oder in die Verbesserung und den Ausbau von Schulen
zu investieren, ist das eine klare Alternative, die dann
Folgen hat. Leider kann diesbezüglich zunehmend festgestellt werden, dass die Rüstungsausgaben und die Militärausgaben nach einer kurzen Senkung am Ende des
Kalten Krieges wieder deutlich ansteigen. Wir haben im
Jahre 2004 das Niveau des höchsten Jahres im Kalten
Krieg erreicht — das war 1986 eine Billiarde Euro.

Ist dies auf die Angst zurückzuführen, die nicht zuletzt durch die Medien geschürt wird?

Der 11. September hat eine Angst ausgelöst, die immer wieder systematisch neu geschürt und aufrechterhalten wird — nicht nur in den USA, aber da an erster Stelle. Diese Angst dient als Rechtfertigung für militärisches Vorgehen gegen Feinde im Äußeren, aber natürlich auch gegen Feinde im Inneren. Und das hat insgesamt nachweislich seit 2001 zu einem Anstieg der Ausgaben für Militärisches geführt.

Wie äußert sich dies?

Die Rüstungsausgaben in den USA, um mit dem Tabellenführer anzufangen, haben sich seit 2001 um über 400 Milliarden Dollar erhöht. Die USA bezahlen heute mehr für Militärisches als die nächsten neun Staaten zusammmen. Unter jenen sind die großen Industrienationen Europas, Kanada und Japan zu nennen. Allein die Steigerungsrate der USA von 2004 auf 2005, die 100 Milliarden Euro betrug, ist ein Vierfaches der Militärausgaben der Bundesrepublik Deutschland. Ebenso ist in Russland ein deutlicher Anstieg der Rüstungsausgaben zu verzeichnen — der liegt bei über zehn Prozent zwischen den Jahren 2001 und 2004, wie auch in der EU ein Anstieg von etwa fünf Prozent seit 2001. Die größte Steigerung in Prozent lässt sich in China orten. Das gilt für alle Werte der Entwicklung Chinas, sei es das Wirtschaftswachstum, sei es der Energieverbrauch, der sich zum Teil seit 1999/2000 etwa verdoppelt hat. 2002 haben die Regierungen der 192 UNO-Staaten pro Kopf ihrer Bürgerinnen und Bürger etwa 1,50 Dollar für die UNO mit all ihren vielen Unterorganisationen ausgegeben, aber etwa 150 Dollar für neue Waffen und für Militarisierung.

Verteidiger der Rüstungsausgaben sagen, dass diese auch Arbeitsplätze schaffen und so auch die Gesellschaft profitiert. Was kann man von so einer These halten?

Das Argument, Rüstung schaffe Arbeitsplätze, hat nie gestimmt. In einem mikroökonomischen Ausschnitt ist es richtig, dass durch die Niederlassung einer Rüstungsfirma in einem Ort X, in Bayern oder in Texas, etwa 300 Arbeitsplätze für Männer — denn meistens sind es Männer — geschaffen werden. Aber schon bezogen auf eine Region oder gar auf eine nationale Wirtschaft werden unter dem Strich nachweislich andere Arbeitsplätze, wie zum Beispiel im zivilen Bereich, zerstört. Das heißt, dass der Geldeinsatz, der erforderlich ist, um einen Rüstungsarbeitsplatz zu schaffen, sehr viel höher ist als jener, um etwa einen Lehrer, eine Krankenschwester oder einen Entwicklungshelfer zu bezahlen. Betrachtet man die globale Ökonomie, ist dies auch nachvollziehbar.

Wie sieht das mit dem Rattenschwanz aus, der da noch dranhängt? Man braucht mehr Strom und mehr Energie, mehr Arbeitsplätze sind notwendig, die erst geschaffen werden müssen. Hat das Ganze nicht auch positive Seiten?

Es ist sicher richtig, dass sich zum Beispiel bei der Produktion von Panzern gewisse Abfalleffekte für die zivile Wirtschaft ergeben. Aber dies wäre ja auch bei zivilen und ökologisch sinnvollen Produkten der Fall. Also unter dem Strich ist es eine Milchmädchenrechnung, da Rüstungsprodukte über keinerlei Wertschöpfung verfügen. Diese werden in Kriegen eingesetzt und zerstört, um infolgedessen wieder neu geschaffen zu werden. Deswegen sind jene immer weniger wert als zivile Produkte.

Wie haben sich die Forschung und Literatur über den Zusammenhang zwischen Wirtschaft und Krieg in den letzten 30 Jahren verändert?

Ich würde behaupten, dass es in den 70er und 80er Jahren eine deutlich intensivere Debatte zu diesem Zusammenhang gab, wie auch unter den sich als „politisch links Verstehenden" eine intensivere Debatte über ökonomische Fragen erfolgte. Das hat in den 90er Jahren sehr stark nachgelassen. Die grünen Parteien, die in Europa aufgekommen sind — bei all ihren Verdiensten durch die Benennung wichtiger Themen, wie unter anderem der Umweltproblematik, haben die ökonomische Debatte vernachlässigt, sowohl auf einzelne Staaten und Gesellschaften bezogen als auch im globalen Kontext. Erst seit Ende der 90er Jahre, in Reaktion auf die Globalisierung der Weltwirtschaft, gibt es wieder zunehmend eine kritische Ökonomiedebatte. In diesem Zuge gerät allmählich auch der Zusammenhang von Militär und Wirtschaft wieder in die Diskussion. Es gibt namentlich unter den globalisierungskritischen Kreisen um ATTAC zunehmend intensive Kontakte mit der Friedensbewegung, um einen Zusammenhang dieser beiden Themen herauszuarbeiten. Ich bin ganz zuversichtlich, dass es bald mehr aktuelle Literatur diesbezüglich geben wird.

Thema Preis: Die Waffen werden immer teurer, die Aufrüstung kostet immer mehr. Wie kann ein kleiner Staat überhaupt einen Angriff abwehren?

Kleinere Staaten hatten nie eine ernstzunehmende Chance, durch militärisches Abschreckungspotenzial einen Angriff abzuwehren, obwohl sie das gerne behaupten. Die Schweiz zum Beispiel ist stolz darauf und meint, durch ihre Neutralität während des Dritten Reiches habe sie einen Angriff von Hitlerdeutschland verhindert. Eine derartige Behauptung ist unzulässig. Vielmehr gab es in Hitlerdeutschland kein strategisches Interesse an einer Besetzung der Schweiz. Ansonsten hat die Schweiz auch ausreichend genug mitgespielt, so dass sie den Interessen von Hitler genügte.

Deswegen stellt sich die Frage nach dem Wirkungspotenzial der militärischen Abschreckung — wenn überhaupt — nur zwischen zwei relativ gleichstarken und gleichgroßen Gegnern, und das meistens auf der höchsten Ebene. Es hat ein solches Abschreckungspotenzial 40 Jahre lang gegeben, zwischen den USA und ihrem NATO-Anhang und der Sowjetunion und ihrem Warschauer Pakt-Anhang, mit allen Fragilitäten und Unsicherheiten — bedenkt man, wie nah der Einsatz von Atomwaffen tatsächlich war. Es ist also kein empfehlenswertes Rezept für die Zukunft. Es gibt solche regionale Gleichgewichte, wie zum Beispiel gegenwärtig zwischen Indien und Pakistan, ohne dessen Vorhandensein nach gängiger Meinung wohl schon der vierte Krieg ausgebrochen wäre. Diese These kann ich natürlich nicht widerlegen, aber ich glaube dennoch nicht, dass die These von einem stabilen Gleichgewicht ein sinnvolles Rezept ist. Sinnvoll wäre es, die zugrunde liegenden politischen Konflikte zu klären, zu überwinden, und in Folge die militärischen Potenziale auf beiden Seiten abzubauen.

Wie werden Kriege generell finanziert?

Kriege werden von den Bürgerinnen und Bürgern eines Staates finanziert, von den Steuerzahlerinnen und Steuerzahlern. Und einige wenige in einer Gesellschaft verdienen sich eine goldene Nase durch Kriege, wie die Rüstungsindustrien, mafiaartige Strukturen und Teile der Medien.

Die Erfolgsgeschichte von CNN seit 1990 ist sehr eng mit den Kriegen und Konflikten dieser Welt verbunden, angefangen mit dem Zweiten Golf-Krieg, also dem Konflikt 1990/1991. Das ist das Jahr, in dem CNN groß und bekannt geworden ist — auch weltweit. Und wenn man deren Geschäftszahlen über die 90er Jahre näher betrachtet, bewegt sich die Kurve tatsächlich parallel zu den Kriegen — Beispiele sind Ruanda, dann vor allem der Kosovo-Krieg und Irak. Viele Medien setzen inzwischen darauf, dass sie durch solch möglichst dramatische Konflikte — und das sind nun mal Kriege — ihre Einschaltquoten und Auflagezahlen steigern.

Das heißt, JournalistInnen tragen Sorge dafür, dass da auch Nachschub ist?

Wir schüren durch unsere Berichterstattung zum Teil Konflikte. Ich sage nicht, dass wir sie verursachen, obwohl wir durch sie auch dazu beitragen, dass Feindbilder und Feindbildwahrnehmungen eher verstärkt als überwunden werden. Aber wenn ein Krieg begonnen hat, tragen wir durch unsere Berichte — das betrifft vor allem die Fernsehmedien — oft dazu bei, den Krieg am Leben zu erhalten, um die Berichterstattung und die Bilder zu einer verkäuflichen Ware zu machen.

Jetzt waren Sie selber sehr viel in Krisengebieten unterwegs. Wie ist es, wenn man als JournalistIn dort arbeitet? Wird man nicht letzten Endes selbst für die Rüstungsindustrie tätig, wenn man die Berichte aufgrund des Fehlens von anderen Informationsquellen gar nicht anders machen kann?

Es gibt spätestens seit dem Vietnam-Krieg eine verhängnisvolle Tendenz, die sich in die Richtung bewegt, die Sie beschrieben haben. Im Vietnam-Krieg waren selbst die amerikanischen Fernsehanstalten ABC und

Was ist Krieg?

Die Arbeitsgemeinschaft Kriegsursachenforschung (AKUF) der Universität Hamburg definiert Krieg als einen gewaltsamen Massenkonflikt, der alle folgenden Merkmale aufweist:

(a) an den Kämpfen sind zwei oder mehr bewaffnete Streitkräfte beteiligt, bei denen es sich mindestens auf einer Seite um reguläre Streitkräfte (Militär, paramilitärische Verbände, Polizeieinheiten) der Regierung handelt;

(b) auf beiden Seiten muss ein Mindestmaß an zentral gelenkter Organisation der Kriegführenden und des Kampfes gegeben sein, selbst wenn dies nicht mehr bedeutet als organisierte bewaffnete Verteidigung oder planmäßige Überfälle (Guerillaoperationen, Partisanenkrieg usw.);

(c) die bewaffneten Operationen ereignen sich mit einer gewissen Kontinuierlichkeit und nicht nur als gelegentliche, spontane Zusammenstöße, d.h. beide Seiten operieren nach einer planmäßigen Strategie, gleichgültig ob die Kämpfe auf dem Gebiet einer oder mehrerer Gesellschaften stattfinden und wie lange sie dauern.

Kriege werden als beendet angesehen, wenn die Kampfhandlungen dauerhaft, d.h. für den Zeitraum von mindestens einem Jahr, eingestellt bzw. nur unterhalb der AKUF-Kriegsdefinition fortgesetzt werden. Als bewaffnete Konflikte werden gewaltsame Auseinandersetzungen bezeichnet, bei denen die Kriterien der Kriegsdefinition nicht in vollem Umfang erfüllt sind.

Quelle: AKUF Hamburg
Hinweis der Herausgeber: Aufgrund der strukturellen Veränderungen von Akteuren und Austragungsformen (unter anderem „Neue Kriege") ist diese Definition in der Wissenschaft — obwohl sehr gängig — zum Teil umstritten.

CNN noch sehr unabhängig und haben gute, unabhängige Informationen und Bilder im Sinne der Aufklärung geliefert. Das hängt nicht zuletzt damit zusammen, dass es nach Aufnahme der Bilder etwa eine Woche dauerte, bis die Filmrollen von Vietnam in die USA transportiert wurden. Dann erst waren diese auf dem Fernsehschirm zu sehen. Die JournalistInnen hatten zwischen Bildproduktion und Ausstrahlung Zeit für eine genauere Recherche über das Geschehen: Was ist hier wirklich passiert, wer sind die Toten und wie sind sie ums Leben gekommen?

Heute ist Mann oder Frau allein mit einer Digitalkamera ausgerüstet und könnte im Grunde live über ein Geschehen berichten, was, oft wegen der Konkurrenz, natürlich auch von den zentralen Redaktionen gefordert wird. Nur, journalistisch sind diese Berichte vielfach unzureichend, weil man nicht weiß und nicht wissen kann, was wirklich passiert ist und letztlich die Propaganda der einen oder anderen Kriegspartei verbreitet wird. Insofern machen wir uns als JournalistInnen zunehmend zu Sprachrohren der einen oder anderen Kriegspartei. Dies wurde im NATO-Krieg gegen Serbien deutlich, das gilt aber auch für die meist russischen JournalistInnen, die über Tschetschenien berichten, und schließlich das Pentagon, das seit dem Vietnam-Krieg eine Verkaufsstrategie entwickelt hat, die da heißt: Wie verkaufen wir Kriege, die wir in der Zukunft führen, erfolgreicher an die eigene Bevölkerung und die Weltbevölkerung? Die Antwort des Pentagons lautet, nicht im eigentlichen Kriegs- und Krisengebiet zu berichten, sondern wie im Fall des Irak-Kriegs von einem eigens errichteten Informationszentrum im militärischen Hauptquartier in Saudi-Arabien, wo rund um die Uhr InterviewpartnerInnen und Videos zu Verfügung stehen. Schließlich haben 95 Prozent der US-Medien diesen Selbstknebelungsvertrag unterschrieben und sich daran gehalten — in der Folge auch die Weltmedien zu

95 Prozent. Es waren zwei Handvoll unabhängiger Journalistinnen tatsächlich im Irak während des Golf-Krieges, der britische Zeitungsmann Robert Fisk zum Beispiel.

Es hat zwar viel Selbstkritik im Nachhinein gegeben, aber im NATO-Krieg 1999 ist so ziemlich dasselbe passiert. Im letzten Irak-Krieg, als das Pentagon natürlich nicht die alte Strategie wiederholen konnte, sondern mit dem „embedded journalism" etwas Neues versucht hat, haben zwar einerseits viele mitgemacht, wie wir wissen. Es hat sich aber auch so manches Medium geweigert, Journalistinnen ins Feld zu schicken, wie das schweizerische Fernsehen zum Beispiel. Das Wichtigste ist aber — und das ist kaum bekannt — CNN und die anderen großen Fernsehstationen haben ihre erhofften Einnahmen um mindestens 30 Prozent verfehlt. Das heißt, erstmals war die Kriegsberichterstattung im Irak-Krieg nicht mehr das große Geschäft. Und dies führt vielleicht zu neuen Einsichten, selbst innerhalb der Medien.

Wir sind in den letzten Jahren mit dem Auftreten privater Militärfirmen konfrontiert worden. Wie nah kommt man als JournalistIn an diese heran und wie genau kann man recherchieren? Was wissen Sie über diese Söldner, die sich anheuern lassen?

Es ist in Kriegszeiten ohnehin so, dass Journalistinnen gegenüber ihren Quellen immer misstrauisch sein müssen, angefangen von staatlichen Informationsgebern bis hin zu nichtstaatlichen Bürgerkriegsparteien. Die Existenz dieser privaten Firmen, die ja ein neues Phänomen sind und die auf Rechnung Dritter arbeiten, hat diese Situation für uns Journalistinnen noch erschwert, weil sie durch eine gewisse Loyalität an ihre zahlenden Auftrageber gebunden sind und diese Loyalität sich von der einer eigentlichen Kriegspartei unterscheidet.

Konkreter: Wenn ich im Jugoslawien-Krieg mit den Führern der bosnisch-sozialistischen Serben, Herrn Radovan Karadžić und Herrn Ratko Mladić, zu tun hatte, und das hatte ich oft, dann wusste ich, dass es sich um ihre tatsächliche Überzeugung handelte und konnte das auch einschätzen. Es ist viel schwieriger den Kommentar eines südafrikanischen Söldners, einzuordnen und zu bewerten, der des Geldes wegen fernab der eigenen Heimat in einem Land kämpft, von dem er bis vor drei Wochen nichts wusste. Allerdings ist ein solcher Kommentar eher unwahrscheinlich. Ein weiteres Problem ist, dass diese Söldnerverbände außerhalb jeder Ordnung stehen. Für originäre Kriegsparteien gibt es immerhin die Regeln des so genannten Kriegsvölkerrechts. Diese sind zwar unzureichend, aber es gibt sie. Schwierig wird es, wenn eine Kriegspartei nicht durch einen Staat repräsentiert wird, der sich zu diesen Rechten verpflichtet hat. Diese Söldnerarmeen fühlen sich überhaupt nicht an zwischenstaatliche Vereinbarungen, Konventionen und Normen gebunden und respektieren nicht einmal das Internationale Komitee des Roten Kreuzes.

Das Thema Kindersoldaten spricht eine besonders grausame Ausprägung des Krieges an. Haben Sie auch schon damit zu tun gehabt?

Ich habe Kindersoldaten in Afrika und auch in Asien erlebt. Das ist meiner Meinung nach die schlimmste Erfahrung, die man als JournalistIn in einem Krieg machen kann. Die Entscheidung, in einem Krieg zu kämpfen, ist in solchen Fällen keine bewusste oder erwachsene. Diese Kinder sind manipuliert und in vielen Fällen auch dem Einfluss von Drogen ausgesetzt. Sie sind da-

her völlig unberechenbar und stellen auch für JournalistInnen eine größere Gefahr dar als „normale" erwachsene Kämpfer. Was man als JournalistIn möglicherweise
von ihnen erfahren kann, falls überhaupt ein Gespräch
zustande kommt, ist so unverlässlich, dass man darauf
niemals eine Geschichte aufbauen könnte. Wenn ich
das richtig wahrgenommen habe, dann waren die wirklich guten Berichte der letzten zehn Jahre nur über
ehemalige Kindersoldaten, die überlebt haben und diese schlimmen Erfahrungen nachträglich verarbeiteten.

*Viel Geld wird auch nach einem Konflikt oder Krieg in
den Wiederaufbau investiert. Helfen Hilfsprogramme
überhaupt?*

Hilfsprogramme helfen — ohne Frage. Das Problem ist
die mangelnde Koordination zwischen jenen, die Hilfsprogramme betreiben. Das sind zunächst einmal die offiziellen Unterorganisationen der UNO, das Internationale Komitee des Roten Kreuzes und seit den Konflikten
ab Anfang der 90er Jahre zunehmend auch NGOs,
Nichtregierungsorganisationen unterschiedlicher Welt-
anschauungen, mit oft undurchsichtigen Hintergründen
und Finanzierungsquellen. Zum Beispiel in der Situation
in Asien nach der Tsunami-Katastrophe geht die mangelnde Koordination vor Ort meistens auf Kosten der
lokalen Bevölkerung.

Es wird viel Geld verschwendet, weil viele Organisationen Parallelarbeit leisten oder schlimmer, noch in Konkurrenz gegeneinander arbeiten, um auf den heimi-
schen Spendenmärkten Erfolge vorweisen zu können
und um in der Folge mehr Geld zu bekommen — das ist
ein schlimmer Kreislauf.

Kindersoldaten

Mindestens 300.000 Kinder unter 18 Jahren sind im Augenblick in bewaffnete Konflikte in aller Welt verwickelt. Hunderttausende sind in die Armeen von Regierungen oder bewaffneten Oppositionsgruppen eingebunden und können jederzeit zum Kämpfen gezwungen werden. Viele werden legal rekrutiert, andere aber entführt, erpresst oder dem einen oder anderen Zwang ausgesetzt. Die meisten Kindersoldaten sind zwischen 15 und 18 Jahre alt, die Rekrutierung beginnt aber auch schon bei 10jährigen oder sogar noch jüngeren Kindern. Leib und Leben dieser Kinder sind extrem gefährdet, und in ihrer seelischen und sozialen Entwicklung erfahren sie schwerste Belastungen.

Die Kinder, die als Soldaten rekrutiert werden, verlieren oftmals jeden Bezug zu ihrem früheren Leben. Es wird berichtet, dass es vorkommt, dass diese Kinder ihre eigenen Familien erschießen müssen, damit sie keine Bindung zu ihrem „früheren" Leben mehr haben. Alkohol und Drogen werden eingesetzt, um die Kinder willig zu machen. Nicht alle werden sofort als Soldaten eingesetzt. Bevor sie an die Front geschickt werden, sind Einsätze als Boten, Träger und Spione üblich. Durch ihr geringes Körpergewicht eignen sie sich auch sehr gut, um Minenfelder zu räumen, eine Aufgabe, bei der sehr viele Kinder schwerstverletzt werden oder sterben. Auch Mädchen werden gelegentlich eingezogen, oft gewaltsam, wenn auch in geringerer Zahl als Jungen. Nur selten werden die Mädchen allerdings an die Front geschickt. Sie werden zumeist gezwungen, als Prostituierte den Männern im Lager zur Verfügung zu stehen.

Quelle: Österreichisches Rotes Kreuz: download.roteskreuz.at/FB_Kindersoldaten/1.htm

Aber trotz aller Kritik an vielen konkreten Erfahrungen, angefangen mit der Afghanistan-Operation nach Abzug der Sowjets zum Beispiel, ziehe ich nicht den Schluss, dass Hilfsprogramme nicht helfen. Das wäre zynisch, weil es in der unmittelbaren Situation nach Ende eines Krieges oder einer Naturkatastrophe unerlässlich ist, die möglicherweise mehreren zehntausend Überlebenden davor zu bewahren, auch noch zu sterben. Die Schwierigkeiten treten meistens in der mittleren und späteren Phase auf.

Also im Fall der Tsunami-Katastrophe betrifft dies den Wiederaufbau: Die neuen Häuser wurden für den Fall einer Wiederholung der Ereignisse nicht wieder direkt am Strand errichtet, sondern mindestens fünfhundert Meter weiter weg, um einer erneuten Zerstörung vorzubeugen. Und nun suchen sich die großen Hotelketten, die über große Investitionsmöglichkeiten verfügen und in der Lage sind, stabile Festhäuser zu bauen, die schönsten Plätze am Strand. Dies schürt in der lokalen Bevölkerung natürlich eine ungeheure Wut, die sich auch gegen die internationalen Helfer richtet, die wesentlich besser bezahlt werden, mit teuren Autos herumfahren und den Eindruck von Reichtum vermitteln. Deswegen entsteht schnell eine Negativstimmung gegen die internationalen Helfer. Aber das sind alles Fehler, die man beschreiben, analysieren und abstellen kann. Überhaupt nicht mehr zu helfen, ist keine plausible Konsequenz.

Wie sieht das im Bereich des Entminungsdienstes aus. Hier kommt ein neuer Wirtschaftszweig hinzu?

Ich halte es für eine oberste Verantwortung, minenverseuchte Gebiete zu räumen. Und dieses so schnell wie möglich, weil keine andere Waffe so viele Menschen tötet und verstümmelt, wie wir aus Statistiken der letzten fünfzehn Jahre wissen. Keine Atomwaffe und keine sonstige Massenvernichtungswaffe hat in den letzten sechzig Jahren so viele Menschen umgebracht und verstümmelt, und dieses zumeist nachdem der offizielle Krieg längst vorbei war. Es sterben derzeit tausende Menschen weltweit an liegen gebliebenen Minen aus früheren Kriegen. Das sind zu 90 Prozent Frauen und Kinder auf dem Weg zur Schule oder zum Feld, um die Ziegen zu melken oder Wasser zu holen. Also deswegen ist es die oberste Verantwortung, die Minen wegzuschaffen.

Bei der Frage nach den Verantwortlichen, den benötigten Mitteln und dem Geld hat die Erfahrung aus den letzten fünfzehn Jahren — siehe Angola, Mosambik, Kambodscha, Afghanistan — gezeigt, dass zivile Organisationen besser, preiswerter und vor allem mit einer engeren Einbindung der lokalen Bevölkerung arbeiten als dies die Militärs tun — da würde ich schon eine klare Unterscheidung machen. Natürlich hat sich auch dieser Zweig zu einem lukrativen Geschäft entwickelt. Inzwischen gibt es Organisationen, die sich darauf spezialisiert haben, ursprünglich vielleicht aus einem humanitären Motiv. Wenn es die Regierungen, die diese Minen dahin verkauft haben — im Wesentlichen unsere westlichen, dann die Chinesen und die Russen — nicht tun, machen es NGOs (Non-Governmental Organizations) wie Oxfam. Aber dies erfordert eine gewisse Infrastruktur und Geräte, die viel Geld kosten. Man braucht Geld und muss investieren. Dafür werden Spenden und andere Zuschüsse gesammelt. So entwickelt sich auch für eine Organisation eine gewisse Abhängigkeit.

Gehen wir von der Vision aus, wir würden aufhören, in Rüstung und stattdessen in zivile Projekte zu investieren, wäre das möglich? Was könnte daraus entstehen?

Öffentliche Entwicklungshlfe

In Prozent des Bruttosozialprodukts (BSP)

- Dänemark
- Niederlande
- Schweden
- Norwegen
- Luxemburg
- Belgien
- Schweiz
- Frankreich
- Finnland
- Großbritannien
- Irland
- Griechenland
- Japan
- Deutschland
- Australien
- Neuseeland
- Portugal
- Kanada
- Österreich
- Spanien
- Italien
- USA

0 — 0,2 — 0,4 — 0,6 — 0,8 — 1,0

Zielvorgabe
der UN-Vollversammlung
vom 24. Oktober 1970
(0,7% des BSP)

Quelle: Organisation für wirtschaftliche Zusammenarbeit und Entwicklung (OECD), Pressemitteilung vom 20. April 2001.

Quelle: Atlas
der Globalisierung
2003, Seite 51

Alles ist theoretisch möglich, wenn der Wille einer ausreichenden, kritischen Masse vorhanden ist. Das heißt, wenn Regierungen viel Geld in Rüstung und Militär investieren, ist das Ausdruck eines bestimmten politischen Willens. In den meisten Fällen handelt es sich hierbei um den Willen einer oberen und politischen Elite, die nicht genug kontrolliert wird. Auch in unseren westlichen Glanzdemokratien ist der Bereich der Außenpolitik, vor allem der militärischen Außenpolitik, nur wenig transparent, sodass das Parlament und auch die breite Öffentlichkeit kaum rechtzeitig über Mitspracherechte und Kontrollrechte verfügen — das lässt sich aber ändern. Anfang der 80er Jahre war es eine breite Bewegung in Europa, in den USA und in fast allen Staaten, die das Elitethema Sicherheit — damals ging es vor allem um Atomraketen — der Öffentlichkeit zugeführt hat, und somit teilweise eine Veränderung der Politik einleitete.

Minen

Aktuellen Schätzungen zufolge sind weltweit mehr als 100 Millionen Minen vergraben. Jährlich kommen rund 2 Millionen neue dazu. Monatlich sterben zwischen 500 und 1.500 Menschen durch einen Tritt auf eine Mine. Weltweit müssen bis zu 500.000 Menschen, die einen Unfall mit Landminen und Blindgängern überlebt haben, versorgt und rehabilitiert werden. Die Opfer sind überwiegend unschuldige Zivilisten. Doch die Ausgaben für Minenaktionsprogramme sanken im Jahr 2005 weltweit um 5,8 Prozent auf 376 Millionen Dollar. Laut Statistiken der Internationalen Anti-Landminen-Kampagne gelten immer noch 78 Staaten als minenbelastet. Zu den am meisten verseuchten Ländern gehören unter anderem Afghanistan, Angola, Kambodscha oder Mosambik.

Quelle: www.landmine.de, www.icbl.org

Was kann man als einzelne Person bewirken?

Ich kann als Zuschauer oder Zuschauerin damit anfangen, mich erstmal kundig zu machen, was meine Regierung für Militärisches ausgibt. Als zweiten Schritt kann ich den Abgeordneten bzw. die Abgeordnete meines Wahlkreises zu seiner bzw. ihrer Haltung befragen. Und drittens kann ich mich mit Menschen, die dieses Thema ebenso kritisch sehen, zusammensetzen und überlegen, was zu tun ist. Man kann konkrete Beispiele populär machen, was mit einer bestimmten Summe X in einer Stadt Y finanziert werden kann, angefangen von Kindergärten, Schulen und Jugendeinrichtungen. Es gibt viele Möglichkeiten für den einzelnen Menschen, etwas zu tun. Ich würde behaupten, dass seit dem Zweiten Weltkrieg alle Bewusstwerdungsprozesse hinsichtlich dieser Thematik immer von unten, von einzelnen Menschen kamen. Das war niemals ein Thema, das von oben, also von den Regierungen, öffentlich thematisiert wurde.

Wie sieht Ihre persönliche Vision aus, würde man Militär abschaffen?

Ich glaube, dass wir 90 Prozent aller Konflikte durch rechtzeitige Früherkennung und eine Gewalteskalation durch ausreichende Prävention verhindern können. Das heißt, dass wir in die Mittel der Früherkennung und Prävention investieren müssen.

Dafür brauchen wir Geld und gut geschultes Personal. In einer eskalierenden Konfliktsituation mit bevorstehendem oder bereits begonnenem Völkermord, wie zum Beispiel in Ruanda, würde ich ein militärisches Zwangsmittel nicht völlig ausschließen.

Dieses sollte aber im Rahmen der UNO angesiedelt sein, also eine ständige UN-Truppe in einer Größenordnung von 40 bis 50.000 Männern und Frauen. Dann bräuchten wir keine nationalen Armeen mehr. Wir würden unendlich viel Geld einsparen, das wir dann für die Entwicklung zur Überwindung von Umweltproblemen, zur Bekämpfung von AIDS und anderen Infektionskrankheiten usw. einsetzen könnten.

Militärausgaben

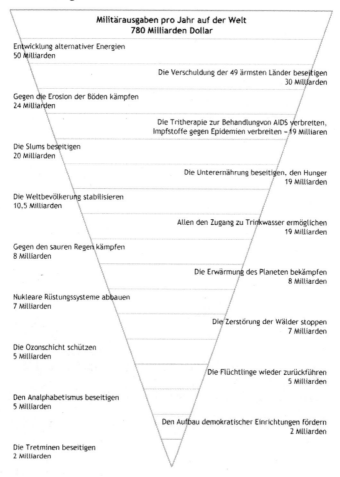

Militärausgaben pro Jahr auf der Welt
780 Milliarden Dollar

Entwicklung alternativer Energien
50 Milliarden

Die Verschuldung der 49 ärmsten Länder beseitigen
30 Milliarden

Gegen die Erosion der Böden kämpfen
24 Milliarden

Die Tritherapie zur Behandlungvon AIDS verbreiten,
Impfstoffe gegen Epidemien verbreiten – 19 Milliaren

Die Slums beseitigen
20 Milliarden

Die Unterernährung beseitigen, den Hunger
19 Milliarden

Die Weltbevölkerung stabilisieren
10,5 Milliarden

Allen den Zugang zu Trinkwasser ermöglichen
19 Milliarden

Gegen den sauren Regen kämpfen
8 Milliarden

Die Erwärmung des Planeten bekämpfen
8 Milliarden

Nukleare Rüstungssysteme abbauen
7 Milliarden

Die Zerstörung der Wälder stoppen
7 Milliarden

Die Ozonschicht schützen
5 Milliarden

Die Flüchtlinge wieder zurückführen
5 Milliarden

Den Analphabetismus beseitigen
5 Milliarden

Den Aufbau demokratischer Einrichtungen fördern
2 Milliarden

Die Tretminen beseitigen
2 Milliarden

Quelle: Jean Ziegler, Das Imperium der Schande, 2005, Seite 43

Erschießen wir den Frieden?

WERNER RUF

Was ist für Sie der Preis des Krieges?

Der Preis des Krieges sind meiner Meinung nach in der Regel viele Menschenleben, verstümmelte Menschen und zerstörte Lebensgrundlagen. Das ist ein Preis, den man noch nie berechnet hat und den man auch nicht berechnen können wird. Das alleine zeigt schon die Inhumanität von Krieg.

Es werden immer wieder Vergleiche herangezogen, um die Tragik von Krieg aufzuzeigen. Kennen Sie welche?

Das sind Vergleiche, die es in allen möglichen Arten gibt, jedoch lenken diese etwas vom Problem ab. Es ist nicht so in unserer Welt, dass man sagt: „Wir rüsten ab und dafür tun wir mit dem Geld so viel Gutes." Es ist eine Denktradition, dass Krieg immer noch Instrument und Mittel der Politik ist. Das mag vielleicht einmal gestimmt haben in Zeiten, wo die Kriegführenden ein Stück Territorium erobern wollten, weil es dort Ressourcen und Arbeitskräfte gab. All das ist heute im Zeitalter der Globalisierung entfallen. Wir brauchen kein Territorium mehr, um es auszubeuten, wir brauchen keine Arbeitskräfte mehr, die wir uns aneignen müssen. Wir beschäftigen sie weltweit, wo wir wollen, wie wir wollen und wann wir wollen. Dieser Kriegsgrund ist also obsolet.

Private Militärs

Weltweit operieren derzeit über 90 private Militärfirmen in 110 Ländern. Immer öfter sind sie in Krisengebieten aktiv, vereinzelt an vorderster Front. Der klassische Söldner wurde von diesen Firmen verdrängt. Experten schätzen den Umsatz auf 100 Milliarden Dollar jährlich und prognostizieren seine Verdoppelung bis 2010. Den Markt dominieren US-Firmen, aber auch britische, südafrikanische und israelische. In der vergangenen Dekade vergab das Pentagon mehr als 3.000 Aufträge im Wert von über 300 Milliarden Dollar an private Militärfirmen. Im Irak erledigen mittlerweile 20.000 private Mitarbeiter solcher Firmen fast 30 Prozent aller militärischen Unterstützungsaufgaben und kassierten 2003 ein Drittel der US-Ausgaben für den Irak-Krieg. Mit zunehmender Frontnähe wird die Frage nach dem völkerrechtlichen Status der Firmen und ihrer Mitarbeiter dringlicher. Ungeklärt ist, wie Verstöße gegen das Kriegsvölkerrecht durch entsprechende Firmen zu ahnden sind.

Unentbehrliche Hilfe bei ihrem weltweiten Engagement erhält die US-Armee von Kellogg Brown & Root (KBR), einer Tochter des Halliburton-Konzerns. Rund um den Globus errichtete die Firma, die mit 20.000 Mitarbeitern sechs Milliarden Dollar jährlich umsetzt, eine Kette von US-Stützpunkten und sorgt für deren Betrieb. Garantiert sind oft die Erstattung aller Kosten und ein Zuschlag von bis zu neun Prozent der Ausgaben als Gewinn. KBR zeigt exemplarisch die branchentypische Verflechtung mit der Politik. Dick Cheney leitete 1992 als US-Verteidigungsminister die Privatisierungswelle mit einem Auftrag für Halliburton ein, führte das Unternehmen von 1995 bis 2000 und bezieht noch als US-Vizepräsident vom Konzern über 150.000 Dollar jährlich zur Alterssicherung. Im März 2003 erhielt die Firma ohne Ausschreibung einen bis zu sieben Milliarden Dollar schweren Pentagon-Auftrag für den Irak.

Quelle: Österreichische Tageszeitung, Der Standard, 19. Aug. 2005

Eines Ihrer Spezialgebiete beschäftigt sich mit privaten militärischen Unternehmen. Man soll sogar schon Atomwaffen im Internet bestellen können.

Das stimmt in einer gewissen Weise, vorausgesetzt man hat das nötige Geld dafür. Dies ist in der Tat einer der Aspekte von Globalisierung, dass das Militär, welches früher als das Symbol des alten staatlichen Monopols galt, inzwischen privatisiert wird. Diese Privatisierung hat natürlich eine ganze Menge von Nebenaspekten und Folgen.

Es in der Tat billiger, für eine bestimmte Aufgabe eine Firma zu beauftragen, anstatt stehende Heere mit all dem bereitzuhalten, was sie kosten, ohne sie möglicherweise überhaupt einzusetzen. Private militärische Unternehmen haben auch den Vorteil, dass sie keine Staaten sind. Sie sind an keine völkerrechtlichen und kriegsvölkerrechtlichen Konventionen gebunden und können somit nicht haftbar gemacht werden. Aus diesen Gründen sind sie ungeheuer flexible Instrumente. Diese Firmen haben keine Ideologien und Programme, sondern werden für einen Job angeheuert und machen ihn dann.

Da gibt es auch zweifelhafte Verbindungen bis in die höchste Politik?

Ja, es gibt gerade bei den großen amerikanischen privaten Kriegsführungsfirmen direkte Verbindungen zu den höchsten Stellen der Politik. Das hängt auch damit zusammen, dass die Firmen von höchstrangigen früheren Generälen geführt werden. Aber es hängt auch damit zusammen, dass bestimmte Rüstungsfirmen, insbesondere Rüstungsfinanzierungsfirmen, unmittelbar mit diesen privaten militärischen Unternehmen zusammenarbeiten. Es gibt da den schon klassischen Satz aus der

New York Times, dass das MPRI (Military Professional Ressources Inc.), eine der führenden Firmen in diesem Gebiet, mehr Generäle pro Quadratmeter aufweist, als das Pentagon. Also da sieht man diese Verschiebung schon recht deutlich. Man muss auch wissen, dass die zweitgrößte Armee im Irak-Krieg nicht von den britischen Soldaten, sondern von den privaten militärischen Unternehmen gestellt wird.

Wohin werden sich Kriegswaffen und Kriege entwickeln?

Das ist eine sehr wichtige Frage. Krieg hat sich enorm verändert. Wir Politologen sprechen dann von asymmetrischen Konflikten und asymmetrischer Kriegsführung, und in der Tat kann ein nicht hoch industrialisiertes Land keinen Krieg mehr gewinnen. Es gibt Abstands-, elektronische und intelligente Waffen, die den Gegner verteidigungsunfähig machen, bevor man ihn überhaupt erreicht hat. Das ist eben eine Kriegsführung, wo man im Vorhinein weiß, wer den Krieg gewinnen wird. Das war beispielsweise im Jugoslawien-Krieg so wie jetzt im Irak-Krieg der Fall. Die Kehrseite der Medaille ist, dass man einen Krieg zwar militärisch gewinnen kann, damit aber keinen Frieden erreicht. Präsident Bush hat ja schon 2004 erklärt, dass der Irak-Krieg zu Ende sei.

Diese Art der Kriegsführung, die so ungleichgewichtig ist und auf Seiten der anderen Partei ungeheure Opfer fordert, führt dann zwangsläufig zu Bürgerkriegssituationen. Dies ist in Afghanistan und im Irak der Fall und wäre es auch am Balkan, wenn die Truppen beispielsweise in Bosnien oder im Kosovo abgezogen wären. Das Militär ist gar nicht mehr in der Lage einen dauerhaften Frieden zu stiften, weil durch diese Art der Kriegsführung so viele Verletzungen zugefügt werden und so viel

Hass erzeugt wird, dass der Konflikt damit nicht zu Ende gehen kann.

Asymmetrischer Krieg

Ein asymmetrischer Krieg zeichnet sich durch die Ungleichgewichtigkeit der Kriegsparteien aus. Dies betrifft insbesondere deren ungleiche militärische Fähigkeiten. Zumindest bei einer der Parteien handelt es sich um einen nichtstaatlichen Akteur. Solche Kriegsformen sind so alt wie Kriege selbst. Sie reichen beispielsweise vom Widerstand der indianischen UreinwohnerInnen in den USA über die Gewaltanwendung der Befreiungsbewegungen gegen den Kolonialismus, die auf dem Selbstbestimmungsrecht der Völker basierte und von den UN anerkannt wurde, bis zum heutigen Widerstand gegen die Invasion der USA im Irak, sofern dieser sich nicht als Terror gegen die Zivilbevölkerung artikuliert. Die jüngst oftmals vorgebrachte argumentative Verbindung des „asymmetrischen Krieges" mit dem „Krieg gegen den Terror" seit dem 11.9.2001 unterschlägt, dass auch Staaten, wenn sie völkerrechtswidrige Kriege führen oder das Kriegsvölkerrecht und die Genfer Konventionen — insbesondere den Schutz der Zivilbevölkerung — nicht beachten, ihrerseits Kriegsverbrechen begehen. So läuft dieser neu geschaffene Begriff Gefahr, zur Erodierung des Kriegsvölkerrechts und des humanitären Völkerrechts beizutragen.

Quelle: Thomas Roithner und Werner Ruf

Das war früher anders, als sich auf dem Schlachtfeld — übrigens eine wunderschön-schauderhafte Metapher — die Truppen einander gegenüberstanden. Wer gewonnen hatte, hatte gewonnen, und wer verloren hatte, hatte verloren. Man hat einfach einen Friedensschluss gemacht. Damals wurde die Schlacht noch unter den

Militärs ausgetragen, heute sind die Opfer von Kriegen fast nur noch Zivilisten.

Einen Krieg zu führen, ist extrem teuer. Woher bekommt ein Staat das Geld dafür?

Krieg zu führen ist natürlich unglaublich teuer. Die Rüstungsindustrie schafft ja auch Profit und beschäftigt Menschen, und es gibt heute auch nicht mehr eine klare Trennung zwischen Rüstungsindustrie und ziviler Industrie. Die ganze Debatte über „double use", die doppelte Verwendung von Systemen, hängt mit alldem zusammen. Wer Panzer produziert, kann auch schwere Baufahrzeuge produzieren und ein Lippenstift könnte auch als Patronenhülse dienen.

Ähnlich ist das mit der Elektronik: Die heutige Kriegsführung basiert auf Satellitensystemen, die gleichzeitig auch wieder — siehe GPS oder Galileo — in die Autos eingebaut werden, damit man keinen Stadtplan mehr lesen muss und vom Auto sicher zum Ziel geführt wird. Diese doppelte Verwendung ist überall gegeben, sodass man sie nicht so leicht auseinander dividieren kann. Daraus nun die Mär zu machen, dass wir die Rüstungsindustrie brauchen, um zivile Abfallprodukte zu erhalten, ist Unsinn. Würde dieses Geld sofort in zivile Ziele, Forschungen und Entwicklungen investiert, dann bekämen wir die zivilen Nutzgegenstände wesentlich billiger.

Zum Kern Ihrer Frage: Der Staat erhält sein Geld durch Steuern. Das ist banal. Die politischen Entscheidungen über deren Verwendung werden aber stark beeinflusst von Interessengruppen, darunter insbesondere die Rüstungslobby. Es war nicht zufällig der frühere US-Präsident und Ex-General Dwight D. Eisenhower, der vor der

Gefährdung der Demokratie durch den militärisch-industriellen Komplex warnte.

In Ruanda und Somalia reichten ja Kleinwaffen für einen Bürgerkrieg und Völkermord.

Macheten, Kalaschnikows und Handgranaten sind keine einfachen Waffen mehr. Mit denen kann man, wenn man sie richtig einsetzt, tatsächlich Massenmord begehen. Das ist ein Riesengeschäft, vor allem auch mit den so genannten Kleinwaffen. Mit diesen wird sehr viel Geld gemacht, weil es sich fast jeder leisten kann und weil man bisher nicht bereit war, den Ursprungsort der Waffen zu kennzeichnen, geschweige denn den Handel mit diesen Waffen zu verbieten.

Karl Marx stellte die These auf, dass Kapitalismus Krieg braucht. Kann man das so sagen?

Ja und Nein. Ich denke, die These ist im Prinzip richtig. Nur hat Krieg noch nie Ressourcen geschaffen, sondern ist benützt worden, um Ressourcen im Sinne von Territorien und Menschen zu akkumulieren. Dafür hat man Krieg früher eingesetzt. Mittlerweile wird Krieg zum Selbstzweck, und das ist meiner Meinung nach das Perverse. Waffensysteme werden produziert und müssen amortisiert werden.

Man muss auch testen, ob die Waffensysteme gut sind, und dafür braucht man von Zeit zu Zeit einen Krieg, auch wenn etwa die Kriege in Afghanistan und Irak tatsächlich alte klassische Ziele verfolgen. Es geht um die Kontrolle von Ressourcen, vor allem Öl, vom Kaspischen Becken bis in den Vorderen Orient. Wer das Öl kontrolliert, diktiert letztendlich die Fertig-Preise auf dem Weltmarkt. Hier kommt die große Rivalität zwischen der EU und den USA zum Tragen. Der geplante Pipelinebau vom Kaspischen Becken über Afghanistan in den Indischen Ozean verfolgt natürlich auch den Zweck, diese große russische Einkommensquelle trocken zu legen und damit Russland abhängig zu machen. Vorläufig wird dieses Öl noch über Russland exportiert und Russland verdient daran. Kapitalismus war immer expansiv und aggressiv. Und letztes Mittel ist dabei die offene Gewalt.

Der Ölpreis ergibt sich durch den Aktienmarkt. Stimmt es, dass sich das US-Wirtschaftswachstum reduziert, wenn der Ölpreis steigt?

Das ist sicherlich richtig, aber der Preis, den wir bezahlen, ist nicht der Preis, zu dem das Öl verkauft wird, sondern der Preis, der durch die Spekulationen an der Börse entsteht. Die Börse ist nun mal unglaublich erratisch und die hohen Ölpreise, die wir im Augenblick haben, sind in erster Linie Folge der Spekulationen. Das trifft dann natürlich auch die amerikanischen Endverbraucher und könnte von daher durchaus das Wirtschaftswachstum verlangsamen.

Viel entscheidender bei der Fakturierung des Ölpreises in Dollar ist die Tatsache, dass die USA damit ihre 850 Milliarden Dollar Außenhandelsdefizit kompensieren können. Dies ginge nicht, wenn beispielsweise der Ölpreis in Yen oder Euro fakturiert würde. Genau das war einer der „Sündenfälle" von Saddam Hussein, dass er vorgeschlagen hat, den Ölpreis in Euro zu fakturieren.

Gibt es daher auch einen Zusammenhang zwischen Börse und Krieg?

Nur sehr vermittelt. Die Börse ist ein sehr kurzfristiges, kurzlebiges und spekulatives Unterfangen. Der Gedanke, die Börse als Kriegstreiberin, ist ein bisschen von vorgestern.

Die Konsequenzen der Fakturierung des Ölpreises in US-Dollar

Nach dem Zweiten Weltkrieg etablierten die USA den US-Dollar als Weltwährung. Durch die Fakturierung des Ölpreises in Dollar kann die seit 1971 defizitäre US-amerikanische Handelsbilanz finanziert werden, was es der Bevölkerung ermöglichte, einen höheren Konsumstandard zu erhalten als es die aktuelle wirtschaftliche Lage erlauben würde.

Würde der Ölpreis nun in Euro fakturiert, wie dies etwa Libyen, Venezuela und der Irak vorgeschlagen haben, wäre es für die USA, die einen großen Bedarf an Öl haben und rund 60 Prozent der benötigten Menge importieren, aufgrund des hohen Außenhandelsdefizits beinahe unmöglich die in einer Fremdwährung berechneten Ölimporte zu finanzieren. Um dieses Szenario zu verhindern, wurde 2001 die nationale Energiestrategie der USA veröffentlicht, welche für eine US-amerikanische Kontrolle der Ölförderung, Angebotsmengen, Transportlogistik, des Preises und der Währung, in welcher der Preis des Öls fakturiert wird, plädiert.

Quelle: Elmar Altvater, Von der Währungskonkurrenz zum Währungskrieg: Was passiert, wenn der Ölpreis nicht mehr in US-Dollar fakturiert wird? In: ÖSFK (Hrsg.), Schurkenstaat und Staatsterrorismus, Seite 178-194, Münster 2004

Kostet Frieden auch Geld?

Natürlich, so wie alles andere kostet auch Frieden Geld. Ich würde es anders herum formulieren: Es geht nicht immer darum, Frieden als Ersatz von Krieg zu sehen oder Krieg durch Frieden zu ersetzen, sondern es geht darum, präventiv tätig zu werden.

Neoliberalismus

Als Neoliberalismus bezeichnet man ein wirtschafts-politisches Konzept, das den Einfluss des Staates auf das Wirtschaftsgeschehen minimieren will, allerdings ein regu-lierendes Eingreifen des Staates zur Sicherstellung „funk-tionierender" Märkte als notwendig ansieht. Die Befürwor-ter sprechen in der Regel von liberaler Wirtschaftspolitik, während die Kritiker dem harmlos klingenden Wort mit dem Faktum der wachsenden Kluft zwischen arm und reich als Auswirkung neoliberaler Politik begegnen. Diese Armutsschere – als eine Folge von Privatisierung und un-kontrollierten Finanzströmen – ist weltweit genauso wie auch innerhalb der Industriestaaten zu erkennen. Als „Ur-vater" neoliberaler Ideen kann in Österreich Friedrich Hayek bezeichnet werden. Den Neoliberalismus als die „eine" Schule gibt es nicht, er zeichnet sich durch ein viel-fältiges, institutionalisiertes Netzwerk aus.

Quelle: Karin Bock-Leitert und Thomas Roithner

Die Europäische Sicherheitsstrategie sieht ähnlich aus wie die nationale Sicherheitsstrategie der USA, welche die Möglichkeit zur präventiven Kriegsführung beans-prucht. Die einleitende Lagebeurteilung geht davon aus, dass die Hälfte der Menschheit weniger als zwei Dollar pro Tag verdient, Millionen Menschen jährlich an Aids sterben und die ökologischen Katastrophen vorher-sehbar sind. All das wissen wir, und wenn man davon ausgeht, dass man das Militär braucht, um Krisen zu lö-sen, fragt man sich: Werden die Folgen dessen, was falsch gemacht wird, erschossen oder wird der Frieden er„schossen"? Wenn wir all das wissen, dann könnten wir präventiv tätig werden. Dann könnten wir versuchen, ganz im Sinne von Jakob von Uexküll, die ökologische Katastrophe und das Elend zu vermeiden, indem wir eine andere soziale und ökologische Politik machen.

Ein Tröpfchen auf dem heißen Stein war der G8-Gipfel mit dem Schuldenerlass. Wir wissen, wo die Probleme liegen und wir wissen, wie Karl Marx richtigerweise konstatierte, dass diese Probleme ein Produkt unserer neoliberalen kapitalistischen Produktionsweise sind. Sie sind auch Folgen einer falschen sozialen Politik. Wenn wir die Probleme dort an den Wurzeln anpacken würden, dann bräuchten wir mit dem Militär hinterher nicht Krisenerscheinungen bekämpfen.

Warum tun wir es dann nicht?

Weil das auch etwas mit der Denkweise zu tun hat. Man braucht ein Militär, welches das Attribut eines jeden souveränen Staates ist. Daran hängt dann der militärisch-industrielle Komplex mit all den Profitmöglichkeiten, die dort mehr gegeben sind als anderswo, weil die militärische Produktion konkurrenzfrei ist. Vieles läuft in diesem Bereich unter Ausschluss der Öffentlichkeit, und man kann das nicht alles auf dem freien Markt aushandeln. Es werden in diesem Sektor die viel beschworenen Mechanismen der Konkurrenz zum Teil ausgehebelt.

Da man immer noch meint, dass man die Probleme so lösen könne, muss ich an der EU-Politik Kritik üben. Die EU hat als Europäische Gemeinschaft für Kohle und Stahl angefangen und war im Kern ein Friedensprojekt. Auf einmal soll das nun aufhören.

Ich denke, dass viele Leute, die nun miterleben, dass die europäischen Staaten gegeneinander nicht mehr

Krieg führen, dieses plötzlich kriegsfähige Europa nicht haben wollen. Also ist es eine Kombination aus altem Denken, aus unmittelbaren Verwertungsinteressen bestimmter Fraktionen des Kapitals und natürlich auch der Sicherung von Pfründen und Wohlstand hier, den wir aber so dauerhaft nicht sichern können.

Ist es die Angst davor, den Lebensstandard der Ärmeren zu heben?

Ich denke, es ist eher die Angst davor, den eigenen Lebensstandard zu verlieren. Dafür sind dann scheinbar alle Mittel recht, sogar das untauglichste aller Mittel, nämlich der Krieg.

Wie viel Geld geht eigentlich wirklich in den Wiederaufbau?

Wiederaufbau ist natürlich eine sehr ambivalente Angelegenheit. Man betrachte beispielsweise den Irak, wo Firmen wie Halliburton und Bechtel den Wiederaufbau machen. Diese Firmen sind gleichzeitig die großen Rüstungs- und Ölfirmen, welche auch die militärischen Unternehmen mehr oder weniger an der kurzen Leine halten. Es wird am so genannten Wiederaufbau profitiert.

Jetzt müssen wir uns natürlich fragen, was eigentlich Wiederaufbau ist, denn darüber spricht niemand. Wenn wir überlegen, dass beispielsweise im Irak nach über zehn Jahren des fürchterlichen Embargos, dem durch Krankheiten, Unterernährung und verseuchtem Wasser mehr als eine Million Kinder zum Opfer gefallen sind, die Infrastruktur, die Stromversorgung und die Wasserversorgung heute noch schlechter ist als vor dem Krieg 2003, dann stellt sich die Frage, was eigentlich Wiederaufbau ist. Dort wird gezielt nur das wiederaufgebaut, was unmittelbar für die Besatzung, für die Kriegsfüh-

rung und für den Ölexport, der nicht funktioniert, weil
der Widerstand permanent die Ölleitungen doch wieder
sprengt, wichtig ist.

Wiederaufbau

Mehr als siebzig amerikanische Firmen, die mehrheitlich
über gute Verbindungen zur Bush-Administration verfügen,
teilen sich den Löwenanteil am Wiederaufbau-Budget für
den Irak und Afghanistan, nämlich etwa 8 Milliarden Dollar
an Aufträgen. Die größten Aufträge erhielten mit 2,3 Milliarden Dollar Kellogg Brown & Root, eine Tochter von Halliburton, und Bechtel mit 1,03 Milliarden Dollar. Dass die
Firmen zugleich die großzügigsten Wahlkampfspenden an
George W. Bush und die Republikanische Partei verteilt haben, ist ein weiteres Ergebnis der Recherchen, die das Cen-
ter for Public Integrity (CPI) zu einem Zeitpunkt publik
machte, an dem der Etat für den Wiederaufbau der beiden
Länder aller Wahrscheinlichkeit nach um weitere 20 Milliarden Dollar aufgestockt wird.

Quelle: www.heise.de, www.publicintegrity.org

Wenn Sie an den Wiederaufbau im Nachkriegseuropa
denken, dann lautete damals die amerikanische Philo-
sophie: Wir müssen hier Arbeitsplätze schaffen und die
Wirtschaft wieder in Gang setzen, denn bevor die Leute
an Hunger sterben, könnten sie vielleicht zu den Kommunisten abwandern. Das war eine andere Konstellation und die hat andere Antworten gefunden — der
Marshall Plan war eben etwas Anderes. Das war zwar
ein kapitalistischer Wiederaufbau, aber es war ein Wiederaufbau, der an den Bedürfnissen der Menschen
orientiert war.

Gibt es auch Hilfsprogramme, die etwas bewirken?

Natürlich gibt es eine ganze Menge von Hilfsprogrammen, die auch sehr viel bewirken. Vor allem sind das jene Programme, die nicht nur Nahrungsmittel verteilen, sondern jene, die Bevölkerung selber am Wiederaufbau aktiv beteiligen und sie selber mitverwalten lassen, wo die Mittel eingesetzt werden. Kritisch sehe ich die EU-Strategie über die zivil-militärische Zusammenarbeit. Viele ernst zu nehmende Hilfsorganisationen wie etwa die Caritas lassen sich nicht militärisch einbinden, denn dann würden sie von den Militärs für ihre Zwecke funktionalisiert werden. Vor allen Dingen würden sie dann bei der Bevölkerung nicht mehr glaubwürdig erscheinen und brächten damit ihre eigenen Beschäftigten in Gefahr, weil sie als Teil der Besatzungsmacht wahrgenommen werden würden. Die Unabhängigkeit von Hilfsorganisationen ist also von großer Wichtigkeit, und es ist meiner Meinung nach kein Zufall, dass man versucht die Hilfeleistungen von militärischen oder politischen Zielvorstellungen abhängig zu machen.

Was halten Sie von der Behauptung: „Demokratien führen keine Kriege"?

Das ist ein sehr umstrittenes Konzept. Es basiert darauf, dass einige Kollegen mal zusammen gezählt und festgestellt haben, dass Demokratien untereinander keine oder kaum Kriege führen. Ob das jetzt die Staatsform ist oder ob es nun daran liegt, dass unter diesen Demokratien – sprich USA und Westeuropa – 80 Prozent des Welthandels abgewickelt werden, das ist die Frage. Dass es innerhalb dieses Raumes eine Kapitalverflechtung gibt, die es in dieser Form nie gegeben hat, sollte man auch untersuchen, bevor man irgendwelche Kausalschlüsse zieht. Diese Demokratien verhalten sich nach außen aggressiver denn je, also kann es nicht an der Demokratie liegen, dass sie friedfertig sind.

Ich glaube auch nicht, dass man Demokratie mit Militärstiefeln exportieren kann. Wie glaubwürdig soll denn das Demokratiekonzept im Irak oder in Afghanistan sein, wenn alleine in diesem Irak-Krieg mittlerweile über 360.000 Zivilisten umgebracht worden sind? Dass man diesen Krieg nur für die schönen braunen Augen der Menschen dort führt, um ihnen Demokratie zu bringen, ist ihnen — aufgrund dessen, was sie real erleben — nicht glaubhaft zu vermitteln. Das führt ganz im Gegenteil zu so viel Hass und Verzweiflung, dass Terroranschläge wie in London oder Madrid geradezu Anklang finden und unterstützt werden als Element von dumpfer, blinder und wütender Rache.

Fördert diese Vorgehensweise also den Terrorismus?

Ich vertrete die These, dass diese Art der Kriegsführung ein Krieg zur Förderung des Terrorismus ist. Diese führt nicht zu Demokratie, sondern zu Hass und Gewalt.

Auf welche Summe beläuft sich eigentlich der Militäretat?

Das wird man nie genau ausrechnen können. Es hat da auch früher schon verschiedene Versuche gegeben, diesen zu berechnen. Sicher können Sie das Budget des Verteidigungsministeriums nehmen, aber sie haben in allen anderen Etats wie etwa im Straßenbau, im Schienenbau, in der Landwirtschaft (Manöverschäden) bis hin zum Justizministerium (Kosten für Militärrichter) überall Militäretats mit drinnen, oder Teile des Etats sind für das Militär. Das alleine im Staatshaushalt richtig auseinander zu rechnen, ist fast nicht möglich.

Es gibt offizielle Berechnungen, dass ein Monat Krieg am Golf 33 Milliarden Dollar gekostet hat.

Das kann man durchaus berechnen, zum Beispiel die verschossene Munition, die zum Einsatz gekommenen Flugzeuge oder deren Betriebskosten. Man kann dann noch soweit gehen und rechnen, was die Ausbildung eines durch freundliches oder feindliches Feuer zu Tode gekommenen Soldaten gekostet hat. Das kann man ausrechnen.

Man kann dann wahrscheinlich nicht mehr berechnen, wie viel der auf der Gegenseite verursachte Schaden ausmacht?

Das kann man nicht, vor allem, wenn Sie bei diesen Kriegen, insbesondere bei den beiden Irak-Kriegen (dem Zweiten Golf-Krieg von 1991 und dem jetzigen) beachten, was im Irak an strahlendem Material herumliegt, was an ökologischer Verseuchung verursacht worden ist, was an Wasseraufbereitungsanlagen und Kläranlagen usw. kaputt gemacht wurde und was in den Museen zerstört und gestohlen worden ist. Weiters haben die US-Panzer ganz Babylon, die wichtigsten historischen Stätten der Menschheit, zerstört. All das kann man nicht berechnen, ist nicht mehr herstellbar und für ein und alle Mal verschwunden.

Und die Menschenleben ...?

Natürlich kann man einen Menschen nach dem berechnen, was er gekostet hat. Dann kostet ein armer arbeitsloser und unalphabetisierter Somali natürlich weniger als ein deutscher Professor, aber ist das die Art und Weise, wie man Menschenleben im Wert berechnen kann?

Millennium Development Goals

Am 8. September 2000 verabschiedeten 189 Mitglieds-
staaten der Vereinten Nationen mit der Millenniumserklä-
rung einen Katalog grundsätzlicher, verpflichtender Zielsetzungen für alle UN-Mitgliedstaaten.

- Beseitigung der extremen Armut und des Hungers
- Verwirklichung der allgemeinen Primärschulbildung
- Förderung der Gleichheit der Geschlechter
- Senkung der Kindersterblichkeit
- Verbesserung der Gesundheit von Müttern
- Bekämpfung von HIV/AIDS, Malaria und anderen Krank-
  heiten
- Sicherung der ökologischen Nachhaltigkeit
- Aufbau einer weltweiten Entwicklungspartnerschaft

Damit haben sich die Staats- und Regierungschefs erstmals
auf exakt festgelegte Ziele innerhalb eines gewissen Zeit-
rahmens festgelegt.

Quelle: www.un.org/millenniumgoals, Bericht über die menschliche
Entwicklung, Millenniums-Entwicklungsziele, Ein Pakt zwischen Nationen zur Beseitigung menschlicher Armut, Berlin 2003, Seite 1

*Was wäre Ihre Vorstellung von einer Welt mit aus-
schließlich zivilen Projekten?*

Von großer Bedeutung wäre es, dass zivile Projekte in
Zukunft auch umweltverträglich sind. Es müsste darum
gehen, ein radikales Umdenken zu bewirken, in dem
nicht mehr der Profit alleine die einzige Richtschnur für
wirtschaftliches, politisches und gesellschaftliches Handeln ist, sondern ein Gesamtinteresse der Menschen,
das sich auch an ökologischen Maßstäben messen lassen
muss. Noch mehr zivile Projekte würden dazu führen,
dass die Gletscher schmelzen oder der Meeresspiegel

steigt. Das wäre ein ziviles Wachstum, das als Folge noch viel mehr Kosten verursachen würde.

Gegenüberstellung von Militärausgaben und Entwicklungshilfe

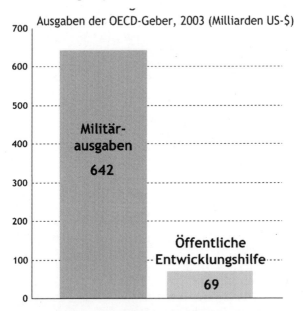

Ausgaben der OECD-Geber, 2003 (Milliarden US-$)

Quelle: UNDP-Bericht über die menschliche Entwicklung 2005, Seite 121

Haben Sie eine konkrete Vision?

Eine solche Vision wäre, dass man beispielsweise die im Rüstungsbereich eingesparten Kosten in Umweltschutz und Ökologie investiert, und dass man vor allen Dingen von den fossilen Energieträgern wegkommt, die ja eine zentrale Ursache für die Klimaveränderung sind.

Die UNO hat in Form der Millennium Development Goals bestimmte globale Ziele vorgegeben. Glauben Sie, dass diese umsetzbar sind? Wann könnten sie realistischerweise erreicht werden?

Natürlich wären diese Ziele umsetzbar, es ist nur eine Frage des politischen Willens. Es ist aber auch eine Frage der ökonomischen Strukturen und der damit verbundenen augenblicklichen Profitmöglichkeiten. Das Kapital denkt nicht langfristig, sondern in kurzfristigen Profitmitnahmen. Es hat damit zu tun, dass wir unsere Wirtschaftsordnung ändern müssten.

Und in welche Richtung müsste diese verändert werden?

In eine Richtung, die stärker an den Interessen der Menschen orientiert ist, und zwar an der Menschheit insgesamt. Sie sollte den Profit als entscheidendes Motiv, wenn schon nicht abschaffen, dann wenigstens wesentlich zurückschrauben und damit das Leben wieder sinnvoller gestalten. Was kostet es uns denn, den Planeten wieder so herzurichten, dass unsere Kinder auf diesem Planeten noch leben können?

Die globale Manipulation

JÖRG BECKER

Welche Rolle spielen Medien im Krieg?

Ich will auf ein paar Mechanismen aufmerksam machen, an denen man sehen kann, dass die Massenmedien sehr aktiver Bestandteil gegenwärtiger Kriegsführung sind. Das erste Beispiel: Wir haben Untersuchungen, die zeigen, dass der Anteil von gewaltbezogenen Nachrichten in ARD und ZDF Anfang der 80er Jahre im Durchschnitt bei 15 Prozent lag. Inzwischen ist der Anteil gewaltbezogener Nachrichten in den verschiedenen Tagesschauen — auch der privaten Sender — auf bis zu 35 Prozent jeden Abend angestiegen. Massenmedien und insbesondere das Fernsehen betreiben dieses seltsame Geschäft der selektiven Wahrnehmung, und gewaltbezogene Nachrichten nehmen immer mehr zu, unabhängig davon, was real in unserer Gesellschaft passiert.

Mein zweites Beispiel: Ich habe mir mit einer Reihe von Mitarbeitern die Rolle amerikanischer PR-Agenturen während der Jugoslawien-Kriege angesehen. Es ist bestürzend zu sehen, wie amerikanische PR-Agenturen im Auftrag verschiedener Balkanregierungen — sei es die albanische, die kroatische oder die serbische Regierung — Kriegspropaganda für die jeweilige Kriegspartei gemacht haben. Diese Propaganda läuft dann darauf hinaus, dass amerikanische Kongressabgeordnete interviewt und Artikel in die New York Times gebracht werden. Wir müssen zur Kenntnis nehmen, dass die Kriegsführung von heute auch ein lukratives Geschäft für PR-Agenturen ist. Dieses Material wird dann im ORF wie auch in den Sendungen von BBC und ARD gezeigt. Dahinter findet man ausgebildete Wirtschaftskreisläufe von PR-Agenturen, die globale Manipulation betreiben, und wir können uns kaum dagegen wehren.

Der TV-Markt

Vor zehn Jahren gab es in Europa insgesamt 150 Fernsehanstalten, heute sind es 1.500. CNN erreicht mit seinen weltweit 42 Redaktionen und seinen 16 Themensendern etwa 150 Millionen Menschen in 212 Ländern der Welt.

Quelle: Atlas der Globalisierung 2003, Seite 17

Kann man solche Manipulationen augenscheinlich erkennen?

Sie erfolgen wie in mehreren ökonomischen Zusammenhängen schlicht und einfach durch Kauf und Schmiergeld. Auch hierzu ein konkretes Beispiel: Mein Wohnort ist Solingen. In Solingen sind vor 13 Jahren fünf türkische Frauen verbrannt worden. Es kamen Fernsehteams von überall aus der Welt, und selbstverständlich sind gegen Schmiergeld der Fernsehkameraleute türkische Krawalle auf den Strassen Solingens künstlich produziert worden, nur damit die Kameras das mitkriegen. Das Fernsehen muss anfangen nachzudenken, welche aktive Rolle es eigentlich als Gewaltverstärker spielt. Dieses Beispiel von Solingen ist nur ein ganz kleines.

Ein größeres Beispiel betrifft CNN: Sowohl die Landung amerikanischer Truppen in Haiti vor einigen Jahren als auch die Landung amerikanischer Truppen in Somalia ist zwischen dem Pentagon und CNN so abgestimmt worden, dass die Landung der Truppen zur prime time in den Vereinigten Staaten stattfand, ganz einfach, weil dann auch die Werbeeinnahmen am größten sind.

Ein Verteidigungsministerium plant seine militärischen Überlegungen und den Beginn der militärischen Aktionen in Abhängigkeit von den Werbeeinschaltungen der Fernsehstationen.

Ist das für Sie ein Teil des Preises von Krieg?

Der Preis ist eine Dauerberieselung mit Gewalt und Kriegsberichterstattung in unseren Medien, durch welche wir abstumpfen und desensibilisiert werden. Ich denke, wir können das alles gar nicht mehr verarbeiten und stumpfen ab. Meiner Meinung nach ist das der Preis, den wir zahlen — die Leichen in der Tagesschau und die Leichen im Krimi nachher verschwimmen beim Zappen durch alle Programme. Es ist erdrückend zu sehen, dass die Zahl der Leichen, die ein Jugendlicher bei seinem vierstündigen TV-Konsum pro Tag sieht, von Jahr zu Jahr ansteigt. Wir gewöhnen uns einfach an Dinge, an die man sich nicht gewöhnen sollte. Im Bereich der Medienpädagogik ist dringend so zu arbeiten, dass man Jugendlichen die Kraft gibt, ab einem bestimmten Medienkonsum ganz locker „Nein" sagen zu können.

*Was würden Sie von dem Versuch halten,
TV-JournalistInnen zu sensibilisieren und so etwas
wie ein ethisches Gewissen zu erzeugen?*

Das ist deswegen ungeheuer schwierig, weil wir durch die Privatisierung der Rundfunk- und TV-Landschaft inzwischen einen derartigen ökonomischen Druck haben, auch auf die öffentlich-rechtlichen TV-Anstalten, dass die Freiräume für individuelles journalistisches Verhalten einfach kleiner geworden sind. Andererseits haben viele JournalistInnen aber auch einen viel größeren Freiraum, als sie in ihrer Selbstzensur bereit sind wahrzunehmen. Sie sind einfach nicht mehr mutig genug, es fehlt ihnen die Zivilcourage auch einmal dem Chef gegenüber „Nein" zu sagen. Vielleicht würden sie merken, dass ihnen gar nichts passiert. Es ist ungeheuer schwierig, noch kreativ gegen den Strom zu schwimmen.

Bei einer Kriegsberichterstattung durch TV-Anstalten sind die meisten Sender nicht in der Lage, das Geld für einen eigenen Korrespondenten aufzubringen, da dieser teuer ist. Man nimmt vorgefertigtes Material irgendwelcher Bildagenturen. Dadurch entstehen dann schnell gewisse Sachzwänge, die der einzelne TV-Sender alleine gar nicht mehr kontrollieren kann. Es wäre schön, wenn TV-Stationen finanziell in der Lage wären, Augenzeugenberichte vor Ort machen zu können. Aber genau das Gegenteil ist der Fall: Die Zahl der Auslandskorrespondenten hat in den letzten Jahren drastisch abgenommen. Dabei wären gerade Augenzeugenberichte aus den Ländern, die betroffen sind, sehr wichtig.

Ihr Arbeitsfeld sind internationale Beziehungen und Massenmedien, weshalb Sie sicherlich viel in der so genannten „Dritten Welt" unterwegs sind. Als Augenzeuge gefragt, was erlebt man dabei?

Was mich am meisten verwundert und mir schwer fällt zu verstehen, ist die Tatsache, dass trotz ungeheuren materiellen Elends und ökonomischen Drucks in den Entwicklungsländern viele Menschen, die ich kennen gelernt habe, mir sehr viel an Menschlichkeit mitgegeben und mein Leben gegenüber den Verhältnissen hier in Europa sozusagen umgekrempelt haben. So mitten im Elend freundlich empfangen und auf ein riesengroßes Essen eingeladen zu werden, was dort aber vier oder fünf Monatsgehälter kostet, ist häufig. Ich habe dort Humanität wieder entdeckt, von der ich hier in unserer Gesellschaft nur noch wenig finde. Stattdessen haben wir so viel Zynismus, Sattheit und Korruption, dass es hier ziemlich unerträglich ist.

Wie stellen sich für Sie die Zusammenhänge zwischen Krieg und Wirtschaft in einem globalen Rahmen dar?

Das ist ein schwieriges Zusammenspiel. Wenn ich ökonomisch darüber nachdenke, gibt es ja eigentlich kaum einen Grund, der mich dazu zwingt, Kriege zu führen, denn Friedenspolitik und Entwicklungspolitik wären nicht nur viel billiger, sondern wahrscheinlich sehr viel stabiler und sinnvoller. Um es konkret zu machen: Für das gleiche Geld, das der Kosovo-Krieg gekostet hat, hätte ich jeder Familie im Kosovo einen Bungalow plus Swimmingpool bauen können. Das ist ungefähr das Äquivalent zu den Kriegsführungskosten. Ich frage mich auch, warum das nicht stattdessen getan wird. Schenken wir der ganzen Welt Bungalows mit Swimmingpool, dann brauchen wir keine Kriege zu führen und die Leute sind einigermaßen glücklich, denn jede Familie will ein kleines Häuschen haben. Ich weiß nicht genau, warum wir das nicht tun, da die Rüstungslobby nicht so stark ist. Sie ist auch, was das Bruttosozialprodukt angeht, nicht der große Brocken, so dass man argumentieren könnte, die nördlichen Industrien bräuchten diese für ihre eigene ökonomische Dynamik. Da sind sehr viele Irrationalismen am Werke, auch auf ökonomischer Seite, und auch ich verstehe sie nur ansatzweise.

Welcher Zusammenhang besteht zwischen Finanzmärkten, der Börse und Krieg?

Ich würde sagen, dass aufgrund der neuen elektronischen Infrastrukturen, die wir im Bankenwesen übrigens seit 30, 40 Jahren — lange bevor es Internet gab — haben, dort eine Globalisierung von Finanzmärkten möglich geworden ist, die es vorher nie gegeben hat.

Sie erreicht ein Ausmaß und eine Dichtheit, die sich auf Trillionen von Dollar beläuft. Gleichzeitig denke ich allerdings auch, dass diese Finanzmärkte sehr artifiziell sind und wenig Verbindung zur realen Handels- oder Produktionsökonomie haben. Man konnte das sehen, als die ganze Internet- und New Economy platzte. Sie führen ein eigenes Leben für eine bestimmte Anzahl von Börsenmaklern und Spekulanten. Direkte Rückwirkungen auf Produktion und Handel oder auf die ökonomische Situation in armen Ländern sehe ich so nicht. Das ist eine eigensinnige, seltsame Abkoppelung von der Realentwicklung.

Wie gerade dargelegt, hat sich die Computertechnologie mittlerweile zu einem Standard entwickelt, den auch verstärkt Länder in der „Dritten Welt" nutzen. Sie macht uns jedoch auch verwundbar. Entwickelt sich der Krieg der Zukunft in diese Richtung?

Ich denke, da gibt es widerstrebende und sehr unterschiedliche Entwicklungen. Kriegsführung heutzutage hat ganz sicherlich etwas mit der Beherrschung der „Infosphäre" zu tun, und zwar insbesondere dann, wenn Industrienationen involviert sind. Cyberwar und Infowar sind zum normalen Bestandteil geworden. Als Beispiel: Selbstverständlich ist es auf amerikanischen Druck zurückzuführen, dass die Satellitenorganisation Eutelsat während des Kosovo-Krieges von einem auf den anderen Tag das serbische TV ausgeschalten hat.

So ist Infowar einerseits natürlich Bestandteil gegenwärtiger Kriegsführung, gleichzeitig passieren aber auch ganz andere Dinge: Wir finden parallel zur intensiven Anwendung von High Technology auf einmal eine Kriegsführung, die fast ohne irgendeine Technologie auskommt. Man muss gleichermaßen in der Lage sein, einen Guerillakrieg in Häuserschluchten und Hinterhofgassen in Bagdad führen zu können und einen Angriff durch irgendwelche Laserwaffen abzuwehren — diese beiden Dinge passieren gleichzeitig.

Der dritte Punkt, den ich vielleicht am Spannendsten finde: Die Beherrschung von bestimmten Softwaresprachen ist relativ einfach zu lernen. Ich könnte mir sehr gut vorstellen, dass die Verletzbarkeit der computergesteuerten Infrastrukturen in den Industrieländern ein bevorzugtes Angriffsziel von militärischen Cyberattacken aus ganz kleinen Ländern werden könnte. Die Herstellung von einem Computervirus und einer entsprechenden Attacke braucht eben nicht eine große Infrastruktur, sondern sie braucht im Grunde genommen nur ein paar kluge Köpfe, die ihn programmieren. Ich weise darauf hin, dass wir solche Fälle mehrfach gehabt haben. Zerfallende chaotische Gesellschaften mit ihren miserablen ökonomischen und materiellen Bedingungen sind möglicherweise die ideale Brutstätte für aggressionsgetriebene, kleine Hackerangriffe auf die großen Infrastrukturen der nördlichen Welt. Computerviren könnten zur Atombombe des kleinen armen Mannes in der „Dritten Welt" werden. Dies scheint mir ein ganz wichtiger Punkt zu sein, welcher auch gegenläufig zur Hightech-Anstrengung der Vereinigten Staaten zu sehen ist. Diese Hightech-Technologien machen unsere Länder extrem verwundbar.

Es gab kurz auch einmal die Überlegung, eine E-Bombe herzustellen, welche dann aber schnell wieder verworfen wurde, da sie unsere Welt stärker treffen würde als vermeintliche Gegner in der „Dritten Welt".

Ich finde den Punkt ganz wichtig, und offensichtlich muss jede Generation erneut ihr eigenes Vietnam-Desaster neu durchleben. Die wichtigste Botschaft des für die USA verloren gegangenen Vietnam-Krieges heißt doch, dass man mit einer Mischung aus Uralt-Technologien und hoher Motivationsbereitschaft in der Lage ist, gegen Napalm-Bomben einen Krieg zu gewinnen. Es sind die Strukturen der Guerillakämpfe in Nordvietnam gewesen, die es geschafft haben, dass das ärmste Land der Welt — und das war Vietnam damals — gegen das reichste Land der Welt Erfolg hatte.

E-Bombe

Eine E- oder EMP-Bombe ist ein Bomben-Typ, der einen starken elektromagnetischen Puls (EMP) erzeugt und dazu dient, elektronische Geräte (Computer, Kommunikation, Waffensysteme) des Gegners in der Funktion zu beeinträchtigen oder zu zerstören. E-Bomben können mit konventionellen Sprengstoffen hergestellt werden, sind nicht direkt gegen Menschen gerichtet und verursachen somit wenige Verluste beim Gegner. Elektromagnetische Pulse werden allerdings auch bei der Explosion von Atombomben erzeugt, weshalb sich dieser Bombentyp ebenfalls als E-Bombe eignet. Insbesondere sind durch die Explosion von Atombomben im erdnahen Weltraum sehr große Gebiete betroffen.

Quelle: de.wikipedia.org/wiki/E-Bombe

Ist das eigentliche Ziel von Kriegen die wirtschaftliche Ressourcenausbeute? War es im Irak das Öl, um das es ging?

Ich halte diese Annahme für dümmliche, linke Thesen. Die Ressourcen, auch das Erdöl, sind heute derart weit verteilt auf viele Länder. Zwei wichtige Länder mit großen Erdölvorkommen sind nicht im arabischen Raum, sondern in Norwegen und Schottland. Eigentlich ist somit die Diversifikation von Abhängigkeiten recht gut im Interesse der Industrieländer verteilt worden. Dieses war die wesentliche Lektion, die die Industrieländer aus den verschiedenen Erdölkrisen der 60er und 70er Jahre gelernt haben.

Ich denke, wir haben es beim Irak-Krieg mit einem anderen Phänomen zu tun: Es geht dabei sozusagen um die Durchsetzbarkeit amerikanischer Hegemonialinteressen zu einem Zeitpunkt, wo es außer den USA keine weitere Großmacht mehr gibt. Dieser Punkt ist wesentlich gewichtiger einzuschätzen als die Frage des Kampfes um irgendwelche Ressourcen.

Das UN-Millenniumsprojekt zum Thema Wasser

Die UN-Generalversammlung hat die Jahre von 2005 bis 2014 zur Internationalen Aktionsdekade „Wasser — Quelle des Lebens" erklärt. Die Dekade begann am Weltwassertag, dem 22. März 2005. Ihr Ziel ist ein stärkerer Fokus auf wasserbezogene Fragen und die Durchführung entsprechender Programme und Projekte weltweit. Ein Schwerpunkt liegt dabei auf der Einbeziehung von Frauen in diese Prozesse.

Quelle: www.un.org/waterforlifedecade

Gilt das auch für Wasser, dem nächsten potenziellen Rohstoff, der knapp werden könnte?

Das ist sicherlich ein ganz wichtiger Konflikt. Aber da sind die Interessen sehr unterschiedlich und regional zu diskutieren. Die Vereinigten Staaten spielen höchstens eine Rolle dabei, dass große Energie- und Wasserkonzerne weltweit irgendwelche Flüsse, Seen und Elektrizitätswerke einkaufen — seien es hier in Österreich die Elektrizitätswerke in Tirol oder sei es der Einkauf von Euphrat und Tigris durch einen großen amerikanischen

Wasserkonzern. Das sind globale Privatisierungsstrategien im Wasserbereich, die schlimm genug sind. Die eigentlichen Konflikte werden dann kommen, wenn sich verschiedene Mächte gegenseitig bei der Verteilung von Wasser erpressen.

Wo würde Ihrer Meinung nach die Welt heute stehen, wenn wir nicht in Militär, sondern in zivile Projekte investiert hätten?

Das ist natürlich eine unhistorische Frage, die man so eigentlich nicht stellen kann, weil die Welt sich eben so entwickelt hat. Andererseits ist es schon gut, solche Fragen zu stellen, weil sie uns einfach die Möglichkeit geben, auf diese Art und Weise ein Stückchen Utopie zu entwickeln. Ich denke, das ist das, was wir nach wie vor brauchen. Religiös gesprochen: Die Vorstellung von einer Welt, in der die Bergpredigt ein ethisches Grundprinzip wäre, ist genauso wichtig wie die sozialistische Utopie, in der es keine Herrschaft über die Menschen gibt. Wir brauchen diese Vorstellung, wie die Welt wäre, wenn es keine Kriege geben würde.

Haben Sie eine Vision, was in den nächsten fünf bis fünfzehn Jahren zu machen wäre?

Ich denke, wir müssen schleunigst das neoliberale Ruder ein gehöriges Stückchen zurechtrücken. In den letzten 20, 30 Jahren sind auf der Weltbühne im Grunde genommen eigentlich nur Markterweiterungsstrategien betrieben worden, welche relativ schnell dazu geführt haben, dass die Schere zwischen Arm und Reich größer geworden ist. Man kann argumentieren, dass eine Dynamisierung der Märkte durch Weltmarktöffnung für einen bestimmten Zeitraum, nämlich diese 20, 30 Jahre, sinnvoll gewesen ist.

Genauso sinnvoll wäre es dann aber auch, eine Abkopplungs- und Schließungsphase einzulegen, um sozial zu verdauen, was sich als Begleiterscheinung der Dynamisierung der Märkte an Konfliktpotenzial angesammelt hat. Ich halte es für dringend notwendig, eine Gegenstrategie zu entwickeln, damit von den beiden Zielen Freiheit und Gerechtigkeit nun die Gerechtigkeit zum Zug kommt. In den letzten 30 Jahren hat sich nur die Freiheit durchgesetzt, wir brauchen aber beides.

Nichts ist billiger als eine menschliche Bombe

Jörg Huffschmid

Was ist für Sie der Preis des Krieges?

Der Preis des Krieges für die Gesellschaft hat natürlich viele Dimensionen und lässt sich nicht in Euro oder Dollar ausdrücken. Natürlich kostet er zunächst mal außerordentlich viele Menschenleben und zerstörte Familien, aber darüber hinaus muss man sehen, dass Krieg auch gesellschaftliche und mentale Strukturen zerstört und Feindbilder aufbaut. Die Leute werden in eine Position hineingedrängt, in der sie viele Menschen als zu zerstörende Feinde oder im besten Fall als Konkurrenten sehen, und das ist für den gesellschaftlichen Zusammenhalt enorm schädlich.

Es kann natürlich auch zu einem fatalen gesellschaftlichen Zusammenhalt führen, dass man sich in einer Gesellschaft nur noch in der Gegnerschaft zu irgendwelchen anderen Gesellschaften zusammenschließt. Dies ist nicht minder fatal, und deshalb denke ich, dass der kulturelle und soziale Schaden, den Kriege anrichten, langfristig natürlich enorm groß ist. Der unmittelbare Schaden ist natürlich die Zerstörung von Menschenleben und Familien.

Wie stellt sich für Sie der Zusammenhang von Wirtschaft und Krieg dar?

Der konkrete Zusammenhang von Wirtschaft und Krieg ist ein vermittelter, denn die Wirtschaft führt nicht unmittelbar zum Krieg. Aber unsere Marktwirtschaft lebt ja von der Konkurrenz, und wenn diese nicht in einen politischen Zusammenhang eingebettet wird, in einen Rahmen, welcher der Konkurrenz auch Grenzen setzt, dann führt sie zu immer schärferer Konfrontation.

Diese wird nicht mehr nur mit besseren Qualitäten und niedrigeren Preisen geführt, sondern auch mit sehr aggressiven Werbekampagnen. Dann wird die Politik eingeschaltet, und wenn im internationalen Rahmen der Konkurrenz keine Grenzen gesetzt werden, dann führt das eben zum Wirtschaftskrieg. Der Wirtschaftskrieg ist dann doch nur noch ein paar Schritte entfernt von den ersten militärischen Interventionen zur Rohstoffsicherung hier und den ersten militärischen Interventionen zur Sicherung eigener Bankeninstitute dort, die vielleicht vor der Vergesellschaftung stehen. Dann ist man sehr schnell in einer Eskalation drin, die im Grunde von einer zunehmenden Aggressivität getrieben wird.

Aggressivität und Konkurrenz können etwas Gutes sein, aber wenn Konkurrenz nicht kontrolliert wird, dann eskaliert sie oft zu einer zunehmenden Aggressivität, bei der es dann auch keine Grenzen mehr gibt und Wirtschaft, Politik und Militär aufeinander folgende Schritte sind.

Wie beurteilen Sie die Rolle der Finanzmärkte?

Ich denke, dass die Finanzmärkte eine ganz wichtige Rolle spielen bei der Vermittlung einer normalen funktionierenden Wirtschaft mit einer zunehmend aggressiven und sich dann bis zum Krieg steigernden internationalen Konfrontation. Die Finanzmärkte sind eigentlich, wie der Name schon sagt, Institutionen, über die Finanzen fließen und gelenkt werden. Wenn diese Finanzströme nicht politisch gelenkt werden, dann können sie verheerende Folgen haben.

Wenn also beispielsweise in ein kleines Land mit hohen Renditen Milliarden von Dollar strömen, dann kann dieses Land innerhalb von wenigen Monaten völlig überfordert und kaputt gemacht werden. Wenn dieses Land dann zusammenbricht und die Finanzströme schwinden, dann ist der soziale und ökonomische Schaden in der Regel enorm und fast unermessbar. Deshalb ist es außerordentlich wichtig, dass Finanzströme kontrolliert werden.

Bis in die 70er Jahre gab es eigentlich ein undiskutiertes Übereinkommen zwischen allen großen Industrieländern, dass es nicht erlaubt sein sollte, Kapitalströme beliebig und ohne große Kontrolle über Grenzen fließen zu lassen, weil eben jedes Land das Recht haben sollte, die eigene Wirtschaftspolitik zum Besten der eigenen Gesellschaft zu machen. Dieser Konsens ist in den 70er Jahren zerstört worden, im Wesentlichen durch große Industrieländer wie die USA. Danach gab es kein Halten und es fingen die großen Finanzspekulationen an. Die Finanzkrisen begannen 1982 und in den 90er Jahren sind sie dann immer schneller aufeinander gefolgt und haben zu einer enormen Destabilisierung geführt.

Diese Destabilisierung hatte auch eine enorme Polarisierung zwischen Nord und Süd zur Folge. Und diese Polarisierung führt natürlich auch zu Spannung, Instabilität und zunehmender Aggressivität. Zum Teil entlädt sich diese Aggressivität in Kriegen aber auch im Terrorismus.

Aber auch Terrorismus ist kein eindimensionales Phänomen und hängt mit einer zunehmend unsicherer gewordenen, polarisierten Welt zusammen, in der eben solche Elemente dann auch wuchern können. Aber ich meine auch, dass Terrorismus ein militärischer Angriff auf Länder ist, um die Ölquellen zu sichern. Das sind alles Dinge, die durch die Finanzmärkte vermittelt worden sind, denn dieses Beseitigen der Grenzen für Finanzmärkte verschafft den großen Akteuren auf diesen Finanzmärkten eine enorme Dynamik und ein enormes Potenzial, welches sie gezielt einsetzen können, um Länder und Unternehmen gegeneinander auszuspielen. Das erhöht das Niveau der Aggressivität und ist eigentlich der Nährboden sowohl für Militarismus wie auch für terroristische Attacken.

Was sind die Aufgaben des Internationalen Währungsfonds (IWF)?

Der Währungsfonds war zunächst einmal nichts anderes als eine Institution, deren Aufgabe es war, recht kooperativ die internationalen Währungsbeziehungen zueinander zu regeln. Aber ab Mitte der 70er Jahre gab es da eigentlich nichts mehr zu regeln, weil die Währungen eben völlig der Konkurrenz ausgesetzt wurden. Da wurde das Währungssystem gewechselt vom Fixkurssystem zu einem System frei floatender Wechselkurse, also durch den Markt bestimmter Wechselkurse, und ab hier hatte der IWF eigentlich nichts mehr zu tun.

Was er aber stattdessen dann getan hat war, dass er sich zu einem Instrument entwickelt hat, welches die Finanzmärkte stärkt und den Finanzmärkten auch gegenüber den Entwicklungsländern noch mehr Kraft und Einfluss verleiht. Er hat die Entwicklungsländer gedrängt, ihre Grenzen für Finanzströme zu öffnen und ihre öffentlichen Güter, also Unternehmen, zu privatisieren, damit die Finanzinvestoren dann was zum Kaufen hatten.

Die Zerstörung des Finanzkonsenses in den
70er Jahren

„Die ursprüngliche Aufgabe des IWF bestand in der Herstellung und Sicherung fester Währungsparitäten. Von 1945 bis 1971 standen die Währungen in einem festen Verhältnis zum US-Dollar, dessen Konvertibilität in Gold garantiert war. Erwiesen sich die festen Kurse als langfristig unhaltbar, konnten sie angepasst werden. Ohne ein solches „Realignment" waren die Mitgliedsländer aber verpflichtet, durch Interventionen am Devisenmarkt die Wechselkurse innerhalb der vorgeschriebenen engen Grenzen zu halten.

Dabei und zum Ausgleich vorübergehender Zahlungsbilanzdefizite half ihnen der IWF mit kurzfristigen Liquiditätsspritzen. Aber im August 1971 brachten die USA das von ihnen selbst geschaffene System zum Einsturz: Die Regierung Nixon weigerte sich zum einen, die vertraglich vereinbarte Verpflichtung zu erfüllen, Dollar in Gold zu tauschen und zum anderen, die eigene Währung durch Interventionen am Devisenmarkt zu stabilisieren. In der Folge wurde der Dollar mehrfach abgewertet und ab 1973 gingen die Währungen zum allgemeinen „Floating", zum freien Spiel der Kräfte, über.

Das war das Ende der Ära von Bretton Woods. Der IWF war seiner Aufgabe beraubt und es blieb von ihm nichts weiter übrig als die Beitragsquoten seiner Anteilseigner und eine große Zahl von Wirtschaftsexperten, die in Washington saßen, um auf ein System aufzupassen, das nicht mehr existierte. Seit Mitte der 1970er Jahre hat kein großes Industrieland mehr Kredite beim IWF aufgenommen."

Quelle: www.sozialoekonomie.info/Zeitschrift_fur_Sozialokonomie
/LeseProben/Page10635/page10635.html#weltbank

Diese suchten Anlageobjekte und insofern ist der Währungsfonds eine Agentur des Nordens gegenüber dem

Süden geworden, dessen Hauptaufgabe darin besteht, dem Süden Regeln aufzuerlegen, die es dem Norden ermöglichen sollten, Finanzinvestitionen zu tätigen und Sicherheiten für die Rückzahlungen und für die hohe Rendite zu haben. Das ist ja auch geschehen, und dadurch sind sehr viele Entwicklungsländer in tiefe Krisen gestürzt worden.

Internationaler Währungsfonds (IWF)

„Der Internationale Währungsfonds (IWF) wurde als Sonderbehörde der UNO 1945 gegründet, mit dem *Zweck*, die internationale Zusammenarbeit auf den Gebieten der Währungspolitik und Währungsbeziehungen zu fördern. Die Förderung von Wirtschaftswachstum gehört ebenfalls zu seinen Aufgaben. Der IWF vergibt Hilfskredite an seine Mitglieder, um ihnen bei Zahlungsbilanzschwierigkeiten zu helfen. An die ärmsten Länder werden *Kredite* zu besonders günstigen Bedingungen vergeben, mit denen jedoch Auflagen verbunden sind. In Relation zur Stellung des Landes in der Weltwirtschaft bemisst sich der Anteil, den dieses Land in den Fonds einzahlen muss. Nach der Größe des Anteils wiederum wird das Stimmrecht des Landes bestimmt."

Quelle: www.finanzen-lexikon.de/lexikon/internationale_waehrungs fonds.htm

Stimmt es, dass der Finanzmarkt ein Nullsummenspiel ist — was einer verliert, gewinnt der andere?

Nein, das kann man eigentlich nicht sagen. Es werden enorme Gewinne auf den Finanzmärkten gemacht. Insofern gibt es die Polarisierung, aber die Verluste lassen sich nicht einfach mit den Gewinnen aufrechnen. Die Verluste sind bleibende Verluste, Gewinne werden dann auch gelegentlich zurückgenommen, dann platzt mal eine Spekulationsblase — also ist das Prinzip „du gewinnst, ich verliere" nicht der Fall. Wohl aber stimmt es, dass die Finanzmärkte zu einer enormen Auseinanderentwicklung von Arm und Reich geführt haben. Das kann man nicht quantitativ errechnen, aber es stimmt in einem übertragenen Sinne, dass die einen ärmer und die anderen reicher werden. Aber jene, die ärmer werden, werden viel mehr ärmer als die anderen reicher werden.

Ich erinnere mich an den Ausdruck „Kriegsanleihen". Gibt es diese noch?

Kriegsanleihen gibt es noch. Eine Regierungsanleihe ist ja nichts anderes, als dass die Regierung sich an das Volk wendet und sagt, „Volk, gib mir 10.000 Dollar, und ich gebe dir dafür einen Schuldschein. Diese 10.000 Dollar brauche ich, um einen Krieg zu führen." Das ist eine Kriegsanleihe. Zum Teil ist sowohl der Golf-Krieg als auch der Irak-Krieg durch Staatsverschuldung finanziert worden. Kriegsanleihen sind ja nichts anderes als Staatsverschuldung, und die Staatsverschuldung der USA ist ja durch den Irak-Krieg dramatisch gestiegen.

Börsekurse und Krieg – wie verhalten die beiden sich zueinander?

Der Aktienmarkt würde sich zunächst einmal in Vorkriegszeiten, wo Spannungen steigen und irgendwie erwartet werden, sehr uneinheitlich verhalten. Die Rüstungsaktien würden wahrscheinlich steigen und andere Aktien wie etwa Kühlschrankaktien würden fallen, weil die Leute ihr Geld umschichten. Sie verkaufen Kühlschrankaktien und kaufen Rüstungsaktien, und insofern werden sich die Kurse unterschiedlich entwickeln.

Die Reichen werden immer reicher, die Armen immer ärmer

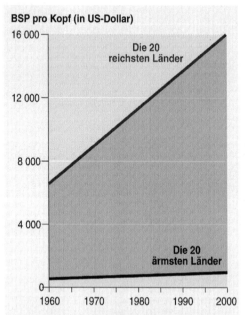

BSP pro Kopf (in US-Dollar)

Die 20 reichsten Länder

Die 20 ärmsten Länder

Quellen: Weltbank, World Development Report 2002, Washington, Entwicklungsprogramm der Vereinten Nationen (UNDP), New York.

Quelle: Atlas der Globalisierung, 2003, Seite 51

Was die gesamte Entwicklung des Aktienmarktes betrifft, ist das unterschiedlich. In Ländern, die sich vom Krieg bedroht fühlen, würden wohl die Aktien und die Börsenmärkte eher heruntergehen, während in Ländern, die vor dem Krieg stehen und ihn gewinnen werden, die Investoren sagen könnten, dass da für jeden etwas von der Beute drinnen ist, und insofern steigen die Aktien dann.

Im Krieg ist auch die Einschätzung der Situation wichtig, ob man sich in einer Gewinner- oder Verliererphase befindet, natürlich steigen die Rüstungsaktien immer an. Wenn man dann am Ende des Krieges verloren hat, sinken die Aktien generell, ganz besonders die Rüstungsaktien. Irgendwelche Bankaktien könnten steigen, denn auch nach einem verlorenen Krieg müssen Banken da sein, um Geschäfte abzuwickeln.

Ich denke, ein einheitliches Bild lässt sich nicht geben, erstens weil die Börsenmärkte aus ganz unterschiedlichen Unternehmen — die vom Krieg unterschiedlich betroffen sind — zusammengesetzt sind, und zweitens, weil die Position des Landes im Krieg eine wichtige Rolle spielt.

Kostet uns Frieden etwas?

Frieden kostet uns zunächst einmal große Anstrengung, unser bisher eher kriegswirtschaftlich und auf Aggressivität und Konkurrenz ausgerichtetes Modell zu überwinden. Das kostet Anstrengung und auch Geld, aber wenn wir darin erfolgreich sind, wird es eine enorme Friedensdividende geben. Diese ist in Geld zu messen, wenn man beispielsweise einen 400 Milliarden Rüstungsetat auf 50 Milliarden reduzieren würde. Dann wäre sehr viel Steuergeld frei geworden und damit könnte man die Steuern senken und die sonst lange vernachlässigten öffentlichen Aufgaben im Bildungs- und Sozialbereich bedienen. Die Leute müssten dann nicht dauernd in Angst voreinander leben und sich gegenseitig die Zähne zeigen. Das ist natürlich auch ein Gewinn. Also gibt es Kosten der Umstellung, aber auch einen hohen Gewinn, wenn die Umstellung erfolgreich abgeschlossen ist.

Weltbank

„Die Weltbank wurde 1944 als eine Sonderorganisation der UNO gegründet, mit dem *Ziel*, durch die Bereitstellung von Kapital Wiederaufbau und *Entwicklung* der Mitgliedsländer zu fördern. Anfänglich wurden die *Kredite* vorwiegend an die im Zweiten Weltkrieg zerstörten europäischen Länder vergeben, seit den 1960er Jahren vermehrt an Entwicklungsländer in Asien, *Afrika* und Südamerika. Das Leitungsgremium der Weltbank ist der jährlich tagende Gouverneursrat, in dem jedes Mitgliedsland einen Sitz hat. Die laufenden Aufgaben werden von 21 Direktoren wahrgenommen, die regelmäßig am Hauptsitz der *Bank* in Washington *D.C.* zusammenkommen. Die *Mittel* zur Kreditvergabe schöpft die Weltbank aus dem Verkauf von Anteilsscheinen, die jedes Mitgliedsland entsprechend der Stärke seiner Volkswirtschaft *kaufen* muss. Die *Treffen* finden zweimal jährlich statt."

Quelle: www.umweltdatenbank.de/lexikon/weltbank.htm

Welche Rolle spielt die Weltbank, wenn wir über eine friedliche Entwicklung nachdenken?

Die Weltbank war auch erst nach ihrer Gründung 1944/1945 ein anderes Institut als der Internationale Währungsfonds und hatte deutlich andere Aufgaben. Den Wiederaufbau nach dem Krieg zu fördern war im Grunde ein Wiederaufbau der industrialisierten Länder. Die Entwicklungsländer spielten damals noch keine Rolle.

Aber mit der Änderung der gesamtpolitischen Lage zu Gunsten von mehr internationaler Konkurrenz und Konfrontation zu Lasten der internationalen Kooperation hat sich auch die Funktion der Weltbank deutlich geändert. Sie ist im Wesentlichen jetzt auch sehr stark ins Schlepptau des IWF gekommen. Früher hatte sie Projektfinanzierung nach eigenen Kriterien zu beurteilen und zu genehmigen, mittlerweile ist sie im Wesentlichen eine Bank geworden, deren Finanzierung sehr stark den „Benchmarks" (Maßstäben) und Anforderungen folgt, die der IWF setzt.

Sie ist also finanziert und ausgerichtet auf eine Wirtschaftspolitik, die sie als Bedingung für ihre Kreditvergabe bestimmten Ländern auferlegt. Diese sind nicht so sehr auf die Entwicklung einer eigenständigen Basis, sondern auf Exportförderung ausgerichtet, um mit den Exporten die Devisen zu lösen und mit denen dann die Kredite zurückzahlen zu können. Dies liegt dann im Interesse der internationalen Finanzinvestoren, die ihr Geld zurück wollen und der Meinung sind, dass Wirtschaftspolitik so betrieben werden muss.

Das hat der IWF als Washington Konsens eingeführt und die Weltbank hat das übernommen. Der Washington Konsens ist ein Konsens zwischen US-Regierung, IWF und Weltbank. Insofern ist sie in dieses Modell eingestiegen und hat in den letzten Jahren zunehmend akzeptiert, dass das so nicht ganz funktioniert hat. Sie hat dann auch ihrerseits dem IWF wiederum Vorschläge gemacht, dass man dieses wirtschaftspolitische Zwangsprogramm lockern sollte oder dass man es in ein Armutsbekämpfungsprogramm umstrukturieren sollte.

Problematisch ist, dass zwar im Vordergrund die Armutsbekämpfung steht, dann sich jedoch die Frage stellt, wie man sie tatsächlich bekämpft. Man bekämpft Armut durch Wachstum, und für Wachstum braucht man wiederum Kredite. Damit man diese bekommt, muss man die Wirtschaftspolitik betreiben, wie sie immer schon empfohlen wurde, und zwar durch Liberalisierung, Marktöffnung und Privatisierung.

Das ist also nur ein vorgegebenes Ziel, was dann hinterher rauskommt, sind genau dieselben wirtschaftspolitischen Auflagen, die im Gefolge des IWF den Washington Konsens ausmachen. Insofern gab es Ansätze in den letzten Jahren, an denen sich zeigt, dass die Weltbank erkannt hat, dass da was nicht funktioniert. Ob sich das jetzt mit dem ehemaligen Präsidenten Wolfowitz, der bekanntlich der Spiritus Rector des Irak-Krieges gewesen ist, halten wird, das ist eine andere Frage.

Washington Konsens

Seit den 80er Jahren dominiert eine neoklassische bzw. neoliberale Entwicklungstheorie, dessen wesentliche Punkte unter dem Begriff „Washington Consensus" zusammengefasst wurden, und die auch in der Politik der „Reagonomics" und „Thatcherism" ihren Ausdruck fanden. Der Washington Consensus gründet sich auf zehn als notwendig empfundene wirtschaftspolitische Maßnahmen, wie etwa der Liberalisierung von Märkten und Handel, umfassende Privatisierungsmaßnahmen und Deregulierung.

Quelle: Filzmaier et. al, Internationale Politik, 2006, Seite 134

Kriege sind immer teurer als gedacht, sie kosten immer mehr. Können sich nur noch wenige leisten, Kriege zu führen?

Das sind immense Kosten, aber natürlich auch immense Gewinne, die da gemacht werden. Für die US-Rüstungsindustrie sind die USA immer noch ein lukrativer Markt und die Regierung der Vereinigten Staaten verwendet ja auch viel Energie, um den Rüstungsexport zu fördern. Natürlich haben Sie Recht, dass sich die Länder, die das kaufen sollen, immer weniger leisten können, aber dafür bekommen sie Kredite, die dann bitter verdient werden müssen. In der EU ist es so, denn dort sind die Rüstungshaushalte deutlich zurückgefahren worden. Diese steigen jedoch innerhalb der EU wieder an, weil die EU Kriegsfähigkeit erlangen will.

Man versucht, die Synergieeffekte der nationalen Rüstungsindustrien im Rahmen eines gemeinsamen europäischen Rüstungskomplexes nutzbar zu machen. Glücklicherweise ist das noch nicht sehr weit gediehen und es gibt auch enorm auseinanderdriftende Tendenzen in der EU, die es fraglich erscheinen lassen, ob das in absehbarer Zeit passieren wird. Aber es ist die ausdrückliche Absicht der EU, die auch in dem Verfassungsvertrag ihren Ausdruck gefunden hat, ihr militärisches Gewicht zu erhöhen und dafür eine gemeinsame Rüstungsagentur zu gründen. Dort würden die einzelnen Staaten nicht mehr gegeneinander, sondern miteinander arbeiten, um Geld zu sparen oder um mehr Feuerkraft für den Euro zu kriegen. – Das ist eine Reaktion. Eine andere Reaktion ist, dass Rüstung sowieso nichts bringt und dass man die Aufrüstung lieber sein lassen sollte. Aber auf die Idee ist die EU bisher noch nicht so recht gekommen.

Da scheinen terroristische Netzwerke in finanzieller Hinsicht besser zu funktionieren?

Inwieweit die Al Kaida in einem relevanten Umfang finanziert worden ist, da sind die Quellen sehr unsicher und neigen dazu, zu große Summen zu nennen. Eine richtig solide Großfinanzierung von Al Kaida ist doch sehr fraglich. Es ist im Falle der Al Kaida und des 11. September doch sehr deutlich geworden, dass es sehr effiziente Mittel gibt, den internationalen Kapitalfluss zu kontrollieren. Den USA ist es relativ gut gelungen, Geld ausfindig zu machen, welches in irgendwelche terroristischen Kanäle geflossen ist und dies entsprechend abzustellen. Ich schließe daraus, dass es auch gut möglich sein müsste, wenn man energisch politisch herangeht, internationale Finanzmärkte wieder so zu regulieren, dass sie dieses internationale Potenzial verlieren. Al Kaida oder Terroristen leben überwiegend eben nicht von großen Finanzzuflüssen, sondern von Humankapitalzuflüssen.

Das sind also Leute, die aus den perspektivenlosen Schichten rekrutiert werden und dann mit einem gewissen, aber doch bescheidenen Mitteleinsatz so gedrillt werden, um sie dann in Bomben umzuwandeln. Nichts ist billiger als eine menschliche Bombe. Eine menschliche Bombe, mit einem Gürtel Dynamit um, steht etwa in Relation zu einem Kampfflugzeug.

Was sind ökonomische Effekte, die nicht gleich abzusehen sind?

Gut untersucht sind langfristige ökonomische Effekte, die darauf hinauslaufen, dass je mehr Geld für die Rüstung und vor allem für die rüstungstechnologische Entwicklung neuer Waffensysteme aufgewendet wird, umso mehr führt dies zu einem Rückstand in der zivilen Produktivität. Es ist in den USA sehr gut untersucht worden, dass diese Hochrüstungsphase in den 60er und 70er Jahren erheblich zu dem Rückfall im Produktivitätswachstum der 80er und 90er Jahre beigetragen hat.

Das ist mittlerweile wieder aufgeholt, weil die Waffensysteme anders zusammengesetzt sind. Sie sind nicht mehr ausschließlich barocke Entwicklungen des Militärmarktes, sondern mittlerweile kauft sich das Militär unter anderem zivile Güter und baut daraus ein Kampfschiff. Die Teile von modernen Waffensystemen sind also heutzutage oft nicht mehr in militärischer Eigenregie entwickelt, sondern werden einfach auf dem freien Markt gekauft.

Zur Zeit des großen Kalten Krieges war es sehr deutlich, dass alle derartigen Endprodukte militärische Eigenentwicklungen sind. Dort gab es dann ein paar zivile „Spin-offs", die im Übrigen den großen zivilen technologischen Fortschritt behindert haben und insofern auch Wachstumsbremse gewesen sind.

Wie sehen Ihre Visionen für die Zukunft aus?

Meine Vision wäre, dass vielleicht in der Tat so eine Politik gemacht würde, die diese Millenniumsziele auf mittlere Frist erfüllt. Wobei ich meine Vision konkretisieren würde auf eine Politik nicht in den Ländern der „Dritten Welt", sondern bei uns, die eine radikale Veränderung der Wirtschaftspolitik zu einem anderen Typ wirtschaftlicher Entwicklung vorsieht. Bei diesem neuen Wirtschaftssystem sollten bestimmte politische Ziele wie Vollbeschäftigung, soziale Sicherheit im Alter oder auch Gerechtigkeitsvorstellungen politisch definiert werden und dann nach Instrumenten gesucht werden, um diese Ziele umzusetzen. Die Instrumente gibt es eigentlich schon. Eine schöne Entwicklung wäre, dass diese Ziele dann auch umgesetzt werden und dass die Wirtschaft, Privatwirtschaft und Marktwirtschaft in ein politisch bestimmtes, immer wieder neu diskutiertes und demokratisch zur Abstimmung gestelltes System politischer Ziele eingebunden wird. Weiters kann sich dann in der Privatwirtschaft und auch unter privaten Unternehmen Konkurrenz entwickeln, dabei sollte aber die Wirtschaft im Dienste der Gesellschaft und nicht die Gesellschaft im Dienste der Wirtschaft stehen. Ich finde, das ist eine etwas ökonomische, aber doch attraktive Vision.

Der wenig „zivilisierende Handel"

BIRGIT MAHNKOPF

Was ist für Sie, philosophisch gesehen, der Preis des Krieges?

Es ist ein Leben in Angst und die Erfahrung, dass es nicht in der eigenen Macht steht, diesen Zustand zu beenden. Was bleibt, ist die Hoffnung auf ein baldiges Ende dieses Zustands, doch ist auch diese Hoffnung von der Angst getrübt, dass dies nicht so bald geschehen wird. Angst und Furcht aber sprengen, wenn sie zu einem Dauerzustand werden, jede Gesellschaft auseinander.

Wie sehen Sie den Zusammenhang von Wirtschaft und Krieg?

Dieser Zusammenhang ist ein sehr komplexer. Einerseits wissen wir, dass Kriege wirtschaftliche Ursachen haben, andererseits, dass sich mit Kriegen vortrefflich Geld verdienen lässt. Die Verbindung von Wirtschaft, Krieg und Staat, oder anders formuliert, die Herstellung und Aufrechterhaltung von Ordnung und von ihrem Gegenteil, der Unordnung — an der oft kein geringes Interesse besteht — lässt sich nur schwer in separate Bedingungsfaktoren auflösen. Oft verschmelzen Motive und Aktivitäten, die zu einer kriegerischen — also gewaltsamen — Interessensartikulation und Interessensrealisierung führen, und die scheinbar friedlichen Aktivitäten wirtschaftlicher Art. In ihren Folgen für Menschen können letztere genauso schmerzhaft sein wie jene Effekte, die normalerweise mit Krieg assoziiert werden, nämlich die Anwendung von Gewalt und der Gebrauch von Waffen.

„Neue Kriege"

Die Bezeichnung „Neue Kriege", die wesentlich von der Politikwissenschafterin Mary Kaldor geprägt wurde, beschreibt die Herausbildung einer, im Gegensatz zu den „modernen" zwischenstaatlichen Kriegen, veränderten Form von Krieg. Im Spannungsfeld zwischen lokal und global agiert nun eine Vielzahl unterschiedlicher Akteure — neben regulären Streitkräften auch paramilitärische Einheiten, Kriegsfürsten, Polizeikräfte, kriminelle Banden und Söldnertruppen, die als paradigmatisches Beispiel für ein weiteres Novum der Neuen Kriege gelten, die Privatisierung organisierter Gewalt. Eine weitere Unterscheidung bildet die dezentralisierte Finanzierung von Kriegen oder auch Bürgerkriegsökonomie, wo benötigte Mittel aus dem Schwarzmarkt, Plünderungen oder aus der Unterstützung von außen geschöpft werden.

Quelle: Mary Kaldor, Neue und alte Kriege, Frankfurt am Main 2000

Auch wenn weniger brutale Formen der Interessendurchsetzung Menschen töten können, so werden diese doch nicht mit dem Begriff des „Krieges" bezeichnet. Andererseits lassen sich mit kriegerischen Maßnahmen wirtschaftliche Ziele oft sehr viel leichter verfolgen als mit dem von Adam Smith so bezeichneten „sanften", die rohen Interessen „zivilisierenden" Handel. Dies trifft insbesondere auf die so genannten „Neuen Kriege" zu, die gar nicht so neu sind. Dabei handelt es sich ja um Kriege, in die eine Vielzahl unterschiedlicher Akteure involviert sind, nicht nur Staaten und ihre Armeen, sondern auch „private Gewaltorgane", die häufig nicht territoriale, sondern vielmehr wirtschaftliche Interessen verfolgen. Allerdings müssen sie zu diesem

Zweck gleichwohl die Kontrolle über ein bestimmtes Territorium herzustellen versuchen, insbesondere dann, wenn es sich bei ihren wirtschaftlichen Interessen um die Extraktion von mineralischen Rohstoffen handelt.

Weiters werden von einigen Autoren auch Geschehnisse in US-amerikanischen Vorstädten oder in Städten der „Dritten Welt", zum Beispiel gewaltsame Auseinandersetzungen zwischen Jugendbanden und Polizei, als Krieg bezeichnet, da in solchen Kontexten nicht zuletzt durch die Zahl der Toten Angst und Furcht hergestellt werden. Natürlich macht es trotzdem Sinn, den Begriff des Krieges für die gewaltsame Interessensdurchsetzung von größeren Gruppen zu reservieren, aber da stellt sich die Frage, ob zum Beispiel eine Gruppe von marodierenden, mit Maschinengewehren ausgestatteten Jugendlichen schon eine Armee ist, oder ob diese erst durch das Militär als eine schlagkräftige Einheit anerkannt werden muss — die Grenzen fließen. Ähnlich verhält es sich bei der Frage nach dem Töten und Verletzen von Menschen, wo nicht gewaltsame Formen dieselben Effekte erzielen. In diesem Sinn haben wir heute große Schwierigkeiten, wenn wir über Krieg reden, die Ursachen und auch die Folgen zwischen scheinbar noch friedlichen und schon die Sicherheit störenden Verhältnissen auseinander zu halten, so dass schon von einem kriegsähnlichen Zustand gesprochen wird.

Sie sagen: Die Rolle der EU und ihre Handelsabkommen können als Vorposten gesehen werden, der zu Konflikten führt. Können Sie dies bitte näher erklären?

Es geht dabei um Freihandelsabkommen, wie sie seit Mitte der 1990er vereinbart wurden. Diese stützen sich auf die etablierten gravierenden Ungleichgewichte zwischen Industrie- und den Entwicklungsländern, verschärfen sich aber gleichzeitig in einer sehr konfliktträchtigen Weise. Es ginge jetzt wahrscheinlich zu weit, zu rekapitulieren, wie aus Ländern der Südhalbkugel Entwicklungsländer geworden sind, denn das waren diese ja nicht seit jeher. Dazu wurden sie in den letzten 500 Jahren durch Kolonialismus und Imperialismus gemacht. Viele der heute so genannten Entwicklungsländer haben diese koloniale Vergangenheit zwar im Laufe der letzen 100 Jahre durch schmerzhafte Kämpfe hinter sich gelassen, nicht aber die wirtschaftlichen Strukturen, die der Kolonialismus hervorgebracht hat.

Seit der Entkolonialisierung gab es zum Teil erfolgreiche, zum Teil weniger erfolgreiche Versuche aus den Verhältnissen einseitiger Abhängigkeit heraus zu kommen. Die heutigen Kräfteverhältnisse sind Ergebnisse des Handelns und des Nichthandelns der Europäer und später auch ihrer Außenposten in Nordamerika und Australien. Die neueren Handelsabkommen tragen indes nicht dazu bei, diese Ungleichgewichte zu beseitigen. Ganz im Gegenteil: Es werden die Prinzipien des Freihandels, die für Länder gleichen wirtschaftlichen Niveaus durchaus angemessen sind — also die Verständigung auf global geltende Regeln beim Austausch von Gütern, Dienstleistungen, Wissenschaft und Know-how jeglicher Art — auf eine Konstellation mit sehr ungleichen Partnern angewandt.

In einer solchen Konstellation bedeutet allein die Anwendung gleicher Rechte für alle Beteiligten eine Verschiebung der Lasten zu Ungunsten der schwächeren Partner. Doch sind die Freihandelsabkommen der letzten Jahrzehnte, sowohl die auf multilateraler Ebene, im Rahmen der Welthandelsorganisation, als auch diejenigen auf der bilateralen Ebene — zwischen einem großen und überlegenen Verhandlungspartner wie der EU oder auch der USA und schwächeren Ökonomien des Südens — mehr als das Spiel auf einer „schiefen Ebene". Sie stellen vielmehr den bislang sehr erfolgreichen Versuch dar, nur solche Regeln durchzusetzen, die vor allem für mächtige wirtschaftliche Akteure aus den Ländern des Nordens vorteilhaft sind, wie zum Beispiel Patentregeln.

Trade Related Aspects of Intellectual Property Rights

Diese Rechte, kurz TRIPS genannt, sind ein Teilabkommen der WTO, welches geistiges Eigentum durch Patentrechte vor allem im Interesse der Industrieländer sichert. So schützen sich etwa große Pharmakonzerne gegen billige Generika-Produkte aus den Entwicklungsländern, bereichern sich aber unter dem Stichwort der „Biopiraterie" an dem medizinischen Wissen indigener Völker.

Quelle: Franz Nuscheler, Entwicklungspolitik, eine grundlegende Einführung in die zentralen entwicklungspolitischen Themenfelder Globalisierung, Staatsversagen, Hunger, Bevölkerung, Wirtschaft und Umwelt, Bonn 2004

Dabei wäre die in früheren Zeiten oft als „Räuberstaat" bezeichnete Schweiz niemals zu einem Sitz von großen Pharmaunternehmen geworden, wenn dieses ehemals arme, agrarische Land nicht durch Nachahmung, heute spräche man wohl von „Produktpiraterie", eine der heute wettbewerbfähigsten Pharmaindustrien der Welt aufgebaut hätte. Niemand hat sich daran gestört, da bis weit in die 1960er und 1970er Jahre hinein für alle Länder das gleiche galt: Es wurde immer versucht von den erfolgreicheren Ländern „zu lernen", und das hieß nicht selten etwas „abzukupfern". Auf diese Weise wurden nachhinkende Industrien aufgebaut und erwarb man eine gewisse Professionalität — bis hin zur Meisterschaft. Erst dann wurde der Wettbewerb mit den „Industriepionieren" aufgenommen, erst dann wurden Export- und Importzölle gesenkt. Wie die Schweiz so haben dies auch die europäischen Länder, die USA und alle heute reichen und entwickelten Länder im Prozess ihrer Industrialisierungsgeschichte getan.

Doch das unter dem Druck der Industrieländer etablierte Welthandelsregime verlangt nachgerade das Gegenteil: Entwicklungsländer sollen sich der globalen Konkurrenz öffnen, noch bevor sie die Möglichkeit haben, sich industriell zu entwickeln. Kein Wunder, dass die meisten Länder daran scheitern. Vor allem empfehlen die heute mächtigen Wirtschaftsnationen, die die Politik in der WTO ebenso wie im Internationalen Währungsfonds und in der Weltbank bestimmen, den „Nachzüglern" politische Maßnahmen, die sie selbst nie befolgt haben. Dies wird in vielen Ländern des Südens heute ganz zu Recht als ein Ausdruck von Verlogenheit interpretiert. Unter den gegenwärtigen Bedingungen enger weltwirtschaftlicher Verflechtungen und zunehmender Ungleichgewichte und Ungleichheiten könnten die von den USA und der EU erzwungenen Maßnahmen in vielen Entwicklungsländern aber recht dramatische Auswirkungen haben.

Je später der Eintritt in die Welt der industriell entwickelten Länder erfolgt, desto schwieriger gestaltet sich dieser, da die Positionen schon verteilt sind und es nur noch wenige Nischen gibt, die durch Spezialisierung besetzt werden können. Dementsprechend groß ist die Konkurrenz, so dass die am untersten Ende der Produktions- und Wertschöpfungsketten angesiedelten Ökonomien und ArbeitnehmerInnen und letztlich selbst ganze Staaten gegeneinander ausgespielt werden.

Beispielhaft lässt sich dies am Auslaufen des Multifaserabkommens studieren. Dieses ursprünglich als Schutzmaßnahme für die Industrieländer konzipierte Abkommen hatte den Nebeneffekt, dass die Exporte von Textil- und Bekleidungsprodukten aus Entwicklungsländern in die USA und in die EU über feste Quoten geregelt wurden. Dadurch lohnte es sich auch für Länder ohne eine eigene Textil- und Bekleidungsproduktion, eine solche aufzubauen. Unter dem Amboss der WTO-Prinzipien sind die Quoten jedoch gefallen und nun gelten die Regeln eines harten „Vernichtungswettbewerbs". Zwar sind es die Europäer — der zuständige Industriekommissar der Kommission, der die vom Markt verdrängten europäischen Produzenten vertritt — sowie die US-amerikanische Unternehmerlobby, welche am lautesten gegen die inzwischen den Markt beherrschende chinesische Konkurrenz protestieren. Doch leiden unter dem Wegfall des Quotensystems vor allem arme Entwicklungsländer. Unter den Bedingungen des Freihandelsregimes sind die chinesischen Produzenten unschlagbar billig, weil sie die gesamte textile Kette — von der Baumwollproduktion bis zur Herstellung von Endprodukten — im eigenen Land haben und daher mit besonders niedrigen Produktionskosten kalkulieren können. Die Chinesen bedrohen jedoch die wenigen heute noch in Österreich (oder Deutschland) angesiedelten Arbeitsplätze in der Textil- und Bekleidungsindustrie nur in zweiter Linie, denn hier sind eher die höherwertigen Produktionslinien angesiedelt. In sehr viel stärkerem Umfang bedrohen die ostasiatischen Konkurrenten nun aber Arbeitsplätze in Südafrika und Bangladesch. Denn wenn alle Schranken des Schutzes niedergerissen werden, setzt sich nun einmal derjenige durch, der die günstigsten Konditionen vorfindet.

Wie lässt sich das am Beispiel des Freihandelsabkommens zwischen den USA und Marokko verdeutlichen?

Gemeint ist wohl ein vor kurzem unterzeichnetes Abkommen, das noch weiter geht als ältere Freihandelsabkommen und in gewisser Weise als „stilbildend" bezeichnet werden kann. Es dürfte die ohnehin prekäre wirtschaftliche Situation, in der Marokko sich befindet, noch weiter verschärfen – obwohl seine Implikationen sich heute noch gar nicht recht absehen lassen.

Die USA haben im Gegensatz zur EU bislang nur wenige bilaterale Freihandelsabkommen unterzeichnet, nicht weil sie generell mehr an multilateralen Abkommen interessiert sind, sondern weil sie ihre Interessen durch die WTO lange Zeit ganz gut vertreten sahen. Nachdem nun aber die Verhandlungsrunde der WTO ins Stocken geraten ist und die USA mit ihrer Idee einer Freihandelszone von Alaska bis Feuerland auf den vehementen Widerstand, insbesondere der Südamerikaner, gestoßen sind, versuchen sie, ähnlich wie die Europäer, einzelne Länder, die für sie von großer geostrategischer Bedeutung sind, handels- und zugleich sicherheitspolitisch in ihre Interessen einzubinden. In der Regel behandeln sie dabei Freihandelsabkommen als eine Art „Belohnung" für wohlfeiles Verhalten im Sinne US-amerikanischer Sicherheitsinteressen, insbesondere für kooperatives Verhalten in dem von der US-Regierung erklärten „Krieg gegen der Terrorismus". Es gibt beispielsweise einen erleichterten Zugang zu US-amerikanischen Märkten im Austausch gegen verstärkte Maßnahmen der Drogenbekämpfung in Kolumbien oder die Stationierung US-amerikanischer Streitkräfte in Kuwait oder Bahrain.

Im Hinblick auf Marokko stellt sich die Situation wie folgt dar: Vor allem auf dem europäischen Markt ist dieses Land einerseits ein erfolgreicher Agrarexporteur; andererseits gibt es in Marokko aber eine große Zahl von Kleinbauern, für die eine Marktöffnung zum wirtschaftlichen Ruin führen würde. Wohlweislich haben die Europäer deshalb zunächst bei ihrem Abkommen mit Marokko nicht auf die Bedingung gedrungen, dass die Einfuhr von marokkanischen Agrarprodukten in die EU eine sofortige Liberalisierung für europäische Produkte zur Folge hat. Daher werden nicht hoch subventionierte Agrarprodukte wie zum Beispiel Tomaten nach Marokko exportiert, sondern Viehfutter und ähnliche Produkte.

Die USA haben in ihrem Freihandelsabkommen aber eine sofortige Öffnung für US-amerikanische Agrarprodukte durchgesetzt, mit denen kein Kleinbauer konkurrieren kann, sondern nur große Betriebe. Vor allem wurden in diesem Abkommen weit reichende Regelungen in Hinblick auf den Patentschutz durchgesetzt. Dabei handelt es sich um Regelungen, die innerhalb der WTO bislang nicht möglich waren, weil die Entwicklungsländer — im Rahmen der Doha-Verhandlungsrunde — deutlich gemacht haben, dass das so genannte TRIPS-Abkommen, das die handelsbezogenen Aspekte geistigen Eigentums regelt, eklatant gegen ihre Interessen verstößt und deshalb eigentlich neu verhandelt werden müsste.

Im Freihandelsabkommen mit Marokko geht es nun nicht um sechs oder sieben Jahre Patentschutz, was selbst aus der Perspektive von Entwicklungsländern noch erträglich wäre, und auch nicht um einen 20-jährigen Patentschutz, wie er im Rahmen der WTO vorgesehen ist, sondern tatsächlich um bis zu 30 Jahren. Daher ist das Freihandelsabkommen zwischen USA und Marokko mit großem öffentlichem Interesse verfolgt und mit Protesten seitens der Zivilgesellschaft begleitet worden. Joseph Stiglitz, ein bekannter US-amerikanischer Ökonom, Nobelpreisträger, Clinton-Berater und ehemaliger Chefökonom der Weltbank, hat in einem Interview mit der New York Times im Jahr 2004, als dieses Abkommen in der amerikanischen Presse diskutiert wurde, geschrieben, dass man sich nicht wundern bräuchte — und hier wird die Verknüpfung zu Krieg und Gewalt sehr deutlich — wenn marokkanische Jugendliche das Gefühl haben, dass sie von den Älteren, die in der Regierung sitzen, für einen Apfel und ein Ei an US-amerikanische Konzerne verkauft wurden. Marokko hat durch die Herstellung billiger Nachahmungsprodukte eine beachtliche Generika-Industrie aufgebaut, die durch den nun vereinbarten Patentschutz von bis zu 30 Jahren in ihrer Existenz bedroht ist. Das aber heißt nichts anderes, als dass die Arbeitsplätze in der marokkanischen Pharmaindustrie wahrscheinlich auf absehbare Zeit verschwinden werden und dass der Markt des Landes gleichzeitig mit subventionierten Agrarprodukten aus den USA, also mit Mais, Soja usw., überschwemmt wird.

Da die Perspektivlosigkeit unter den Jugendlichen des Maghreb ohnehin schon groß genug ist, bleibt ihnen im Prinzip nur die Migration — oder aber die Rebellion. Wenn diese Rebellion politisch organisiert und militärisch aufgerüstet wird, dann öffnet sich ein Rekrutierungsfeld für terroristische Gruppen — und schon sind die Kommentatoren am Werk, die wieder einen „neuen Krieg" entdecken. Doch sind diese Jugendlichen in der Regel nicht über einen langen Zeitraum indoktriniert worden, sondern haben angesichts der Verhältnisse, in denen sie leben, eher lange Zeit in Wut und Hilflosigkeit verharrt. In ihrer Alternativ- und Perspektivlosigkeit mögen sie eines Tages nur noch eine Wahl haben: in die Boote der Menschenhändler zu steigen, die ihnen versprechen, sie an eine spanische Küste zu befördern, was eine selbstmörderische Ignoranz gegenüber den drohenden Gefahren verlangt — oder die Verzweiflungstat eines Selbstmordattentats. Es besteht daher ein Zusammenhang zwischen Handel und gewalttätigen, ja kriegerischen Aktivitäten, der in der Perspektivlosigkeit derjenigen wurzelt, die sich als Opfer der etablierten (welt-) wirtschaftlichen Strukturen erfahren.

Immer wieder müssen selbst diejenigen Verhandlungspartner der USA, die sich als „treue Freunde" (etwa im Zusammenhang mit Militäroperationen) zu bewähren versuchen, die Erfahrung machen, dass sie nur Getriebene und nicht die Treiber des Freihandelsspiels sind. So kürzlich geschehen mit Ägypten, mit der wohl wichtigsten Ökonomie im Mittelmeerraum: Die USA haben die Freihandelsverhandlungen mit Ägypten ad acta gelegt, weil das Land aus der Gruppe jener Länder ausgeschert ist, die mit den USA bei der WTO gegen die EU und ihr Moratorium beim Import von gen-modifizierten Organismen klagen.

Kurzum, Freihandelsverhandlungen werden auch dazu benutzt, um Wohlverhalten in anderen, außenpolitisch zentralen Feldern zu honorieren oder auch zu erzwingen. Auch die Unterstützung eines WTO-Beitritts kann vom Entgegenkommen in bilateralen Abmachungen abhängig gemacht werden. Es handelt sich hier um ein Spiel auf unterschiedlichen Ebenen, das nur diejenigen beherrschen, die auf große Absatzmärkte verweisen können. Im Resultat aber werden durch dieses Powerplay ökonomische Verwerfungen und Zerstörungen bewirkt, die von den Betroffenen selbstverständlich politisch interpretiert und gelegentlich mit Formen des Widerstands und der gewaltreichen Durchsetzung von Interessen beantwortet werden.

Wird die Zukunft daher nicht von militärischen Kriegen, sondern von Handelskriegen geprägt sein?

In der historischen Vergangenheit war das auch nicht anders. Nachdem die Handelskriege mit ökonomischen Mitteln allein nicht mehr zu gewinnen waren, wandelten sich diese in die imperialistischen Kriege des 19. Jahrhunderts. Der Imperialismus, also die gewaltsame Einnahme von Territorien, war die Folge von Handelskriegen. Nicht zufällig wurden der Beginn des Ersten Weltkriegs — und damit das Ende der ersten Globalisierungswelle — durch den Beschuss und das Versenken des britischen Passagierdampfers „Lusitania" durch ein deutsches U-Boot eingeleitet. Am Anfang mögen in der Tat Handelskonflikte stehen. Doch wenn sie irgendwann mit den „zivilen Mitteln" des Handels nicht mehr gelöst werden können, wird die starke Faust des Militärs zu Hilfe gerufen.

Nach dem Zusammenbruch des realsozialistischen Blocks, in den Jahren nach 1989, wurde allerdings angenommen, dass diese Art der Durchsetzung ökonomischer Interessen mit militärischen Mitteln ein für alle Mal vorbei wäre. Diese Einschätzung gründete in dem Bewusstsein, dass wir alle in dieser einen Welt leben, miteinander verbunden und wechselseitig voneinander abhängig, so dass geopolitische und somit militärische Formen der Interessensdurchsetzung letztlich kontraproduktiv, ja selbstzerstörerisch wären. Das war in der Tat eine schöne Illusion – die Idee, dass Handel im Prinzip friedfertig verlaufen werde und von sich aus den Frieden fördere.

Wenn es sich aber um machtgeladene Interessen und um Ressourcen handelt, die Macht versprechen, scheint das gewaltförmige Nehmen der Ressourcen wie die Macht bewährte Öffnung von Märkten keineswegs Geschichte zu sein. Die Länder des Südens werden gezwungen, unsere Agrarüberschüsse abzunehmen und sie müssen (unter Androhung von militärischen Interventionen) zur Verfügung stellen, was für hiesige Unternehmen und Verbraucher von überlebenswichtigem Interesse ist, seien dies nun Erdöl oder andere strategische Rohstoffe.

Was meinen Sie zu der Angst, dass die Steigerung des Lebensstandards der Ärmeren gleichzeitig unseren senkt?

So einfach ist dieser Zusammenhang nicht. Wenn gesteigerter Lebensstandard bedeuten würde, dass die dank effizienterem Technologieeinsatz und weltweit konkurrierenden Arbeitskräfte in immer größerer Zahl produzierten Güter vermehrt abgesetzt werden könnten, würde rein ökonomisch gesehen nichts dagegen sprechen, dass der Lebensstandard — im Sinne der Verfügbarkeit von materiellen Gütern — bei den Ärmsten der Welt und bei uns gleichzeitig steigt. Es gibt viele ökonomische Lehrbücher, die darauf ihre optimistischen Prognosen stützen: Demnach ginge es nur darum, möglichst bei jedem und jeder ein Interesse an den Produkten zu wecken, die wir im Übermaß produzieren. Aus der Sicht dieser Ökonomen könnten „wir" gar kein Interesse daran haben, dass die Kaufkraft der anderen so gering ist, dass diese sich weiterhin von dem Selbstproduzierten ernähren. Demnach müsste es „unser" Interesse sein, dass möglichst alle Menschen auf der Welt vom Markt, also auch von den von „uns" produzierten Gütern abhängig werden, ließen sich auf diese Weise doch neue Absatzmöglichkeiten finden.

Einmal ganz abgesehen davon, dass zu einem guten Leben noch ganz anderes als ein hoher Lebensstandard gehört. Ein steigender Lebensstandard der heute armen Menschen — im Sinne einer gesteigerten Marktabhängigkeit ihrer Existenz — ist aus einem anderen Grunde beängstigend: weil unser Lebensstandard nicht verallgemeinerbar ist. Denn weder stehen die dafür benötigten natürlichen Ressourcen noch die terrestrischen Abfallplätze für die von uns nicht mehr benötigen Stoffe zur Verfügung. Wenn wir durch unseren Lebensstandard dazu beitragen, dass Bodenerosion und Klimaeffekte entstehen, die zu einem Fehlen von Regen dort, wo er

dringend benötig wird, und zu überschüssigen Regen-
mengen an anderen Orten beitragen, und wenn wir ein
Ernährungsmodell verfolgen, bei dem alle Fische aus
dem Ozean gefangen werden, die sich in Fischstäbchen
verwandeln lassen, dann bedeutet das schlichtweg, andere Menschen, die als ärmer unter anderem deswegen
bezeichnet werden, weil sie in höherem Maße als wir
von einer funktionierenden Umwelt abhängig sind, noch
ärmer zu machen.

*Anzahl und Anteil der Armen in den Weltregionen
(mit weniger als 1 US Dollar / Tag)*

Anzahl und Anteil der Armen in den Weltregionen
(mit weniger als 1 US $/Tag)

REGIONEN	Anzahl in Mio.		Anzahl in %	
	1990	2000	1990	2000
Ostasien/Pazifik	470	261	29,4	14,5
ohne China	110	57	24,1	10,6
Südasien	466	432	41,5	31,9
Nahost/Nordafrika	5	8	2,1	2,8
Subsahara-Afrika	241	323	47,4	49,0
Lateinamerika/Karibik	48	56	11,0	10,8
Osteuropa/Zentralasien	6	20	1,4	4,2
GESAMTE WELT	1237	1100	28,3	24,6
ohne China	877	896	27,2	23,3

Quelle: Franz Nuscheler, Entwicklungspolitik, eine grundlegende Einführung in die zentralen entwicklungspolitischen Themenfelder Globalisierung, Staatsversagen, Hunger, Bevölkerung, Wirtschaft und Umwelt, Bonn 2004, Seite 145

Daher besteht das Problem gegenwärtig wohl weniger
darin, dass der Lebensstandard der Armen so anwach-
sen würde, dass der unsere dadurch gefährdet wird.

Eher geht es wohl darum, dass unser immer noch an-
wachsender Lebensstandard die Armen zunehmend
selbst um elementare Lebensvoraussetzungen bringt.
Jedenfalls wäre es wohl ein Gebot globaler Gerechtigkeit, unseren materiellen Lebensstandard so zu be-
schränken, dass den Armen nicht auch noch ihre be-
scheidene Ernährungsgrundlage (durch den Verdrän-
gungseffekt importierter Grundnahrungsmittel) und das
Dach über dem Kopf (durch wiederholte Überschwem-
mungen) verloren geht. Ihre Frage hat daher sicherlich
auch noch die Bedeutung, dass sich Armutsbekämpfung
unter den Bedingungen einer sowohl ökonomisch wie
ökologisch globalisierten Welt nicht länger als Wohl-
tätigkeitsveranstaltung begreifen und konzipieren lässt
— weil sich bei den Armen wie bei den Privilegierten
dieser Welt ein Bewusstsein darüber verbreitet, dass
wir alle Bewohner desselben Planeten sind und als solche Menschen mit gleichen Rechten und gleicher Würde.

Die Verdammten dieser Erde

Das gleichnamige Werk von Frantz Fanon aus den 60er
Jahren gilt bis heute als Manifest des Antikolonialismus und
setzt sich kritisch mit Entwicklung und Kolonialismus auseinander. Fanon skizziert die Mobilisierung der unterdrück-
ten Massen als Revolution der „Dritten Welt" entlang na-
tionalem Bewusstsein, Befreiungskampf und Gewalt.

Quelle: Fanon Frantz, Die Verdammten dieser Erde, Frankfurt am
Main 1966

Wir müssen gleichsam aus Eigeninteresse sicherstellen,
dass sich die Zahl der absolut Armen — also jener Menschen, die von nur einem US-Dollar am Tag leben — um
weit mehr als die Hälfte reduziert, wie es ein Millen-
niums-Ziel der UNO vorsieht. Wobei es auch denje-
nigen, die etwas mehr zur Verfügung haben als einen

US-Dollar am Tag, nicht wesentlich besser geht, und das betrifft immerhin 70 Prozent der Weltbevölkerung. Ein Interesse an möglichst geringer Armut haben vermutlich viele Menschen aus rein humanen Gründen, doch inzwischen dürfte die Angst, dass uns die „Verdammten dieser Erde" aus Wut und Verzweiflung Schaden zufügen könnten, ein ebenso starkes Motiv abgeben.

Von dieser Angst lebt die aktuelle Debatte, die eine enge Verknüpfung von wirtschaftlichen und militärischen Argumentationen vornimmt. Wenn heute Interventionskräfte, Armeen, Schlägertrupps oder „battlegroups", wie sie im militärischen Jargon heißen, aufgebaut werden, die in Auslandseinsätzen „unsere Interessen" — am Hindukusch und an anderen Orten der Welt — verteidigen, dann liegt dem nicht zuletzt die Furcht vor jenen negativen Wirkungen unserer Handlungen zugrunde, die wir durch unser Wirtschafts- und Sozialmodell tagtäglich selbst erzeugen.

Diskurs bestimmend scheint mir daher nicht so sehr das humane Interesse oder Bewusstsein, dass allen Menschen die gleichen Rechte im Hinblick auf die Nutzung der Früchte und Ressourcen unseres schönen Planeten haben sollten, sondern eher die Angst, dass wir, die wir uns zuviel genommen haben, um etwas davon gebracht werden müssen, damit der Planet auch morgen noch für Menschen bewohnbar bleibt. Insbesondere in den Ländern des Südens setzt sich die Einschätzung durch, dass, wie es insbesondere Vandana Shiva so plastisch formuliert, es nicht so sehr darum geht, ein bisschen mehr (Entwicklungshilfe oder was auch immer) zu geben, sondern vielmehr ein bisschen weniger zu nehmen. Weniger nehmen, wenn „unsere Konzerne" in die Märkte des globalen Südens eindringen und dort die Existenzbedingungen von Kleinbauern zerstören, oder wenn unsere Regierungen für „unsere Unternehmen"

Patente auch in Ländern sichern, die bislang schon deswegen keinen Schutz von geistigem Eigentum sanktionieren, weil die (heute) zu schützenden „Güter" nie als Eigentum, von wem auch immer, verstanden wurden.

Diese Art des Nehmens wird als Ungerechtigkeit erfahren und sie erzeugt zunehmend Wut unter den Beraubten. Das bisschen mehr Geben, dass gerade im Rahmen des diesjährigen G8-Gipfel beschlossen wurde, mit einer ganz allgemein gehaltenen Absichtserklärung, den Entwicklungshilfeetat aufzustocken, ist nicht nur ein Tropfen auf dem heißen Stein, sondern lässt auch alle wichtigen Fragen, etwa die nach der Finanzierung, offen. Das sind nicht die Aktivitäten, die sich viele Menschen im Süden wünschen — die würden vom weniger Nehmen deutlich mehr profitieren.

Wie würden Sie die Quintessenz von diesen
Alternativen beschreiben?

Im Senegal ist seit vierzehn Jahren kein ausreichender Regen mehr gefallen. Doch glaubt dort vermutlich niemand mehr, dass dies eine Folge von übernatürlichen Mächten ist. Auch dort wissen die Menschen inzwischen um die Effekte des Klimawandels und wer diesen verursacht. Ebenso wie sie wissen, dass nur noch Minifische an den Küsten ankommen, weil die größeren Fische bereits von spanischen, holländischen und kanadischen Schiffen mit fünfzig Kilometer langen Schleppnetzen gefangen wurden.

Bei uns hingegen könnte jeder wissen, dass in Afrika drei Prozent der CO_2 Werte erzeugt werden, es aber die Afrikaner sind, die in der Sahelzone und südlich davon die Folgen der von ihnen nur zu einem winzigen Bruchteil erzeugten Klimaeffekte zu tragen haben. Doch statt zumindest zu versuchen, an unseren globale Ungleichheit produzierenden und verschärfenden Wirtschaftsstrukturen etwas zu ändern, bauen wir unsere Mauern hoch und unsere Überwachungssysteme aus und hoffen, dass wir noch eine Weile so weitermachen können.

Wir leben, als ob morgen die Sintflut käme und hoffen, dass wir noch ein Boot finden. Aber die Wahrscheinlichkeit wächst, dass das nicht funktionieren wird.

Die Erde ist kein Füllhorn

ELMAR ALTVATER

Öl wird oft als der Sündenbock für einen Krieg
gesehen. Welche Zusammenhänge bestehen wirklich
zwischen Öl und Krieg?

Öl ist eine knappe Ressource, das wissen wir alle. Sie
ist nur in einer endlichen Masse in der Erdkruste vorhanden. Einige glauben, sie reicht noch einige Jahrzehnte. Ganz große Optimisten behaupten, das Öl
reicht noch einige Jahrhunderte, da sich unsere Explo-
rationstechniken verbessern und bei einem hohen Ölpreis in neue Raffinerien, Leitungsnetze und Bohrungen
investiert wird. Andere wiederum meinen, dass das Öl
heute schon am Ende ist und wir uns langsam auf andere Energiesysteme umstellen müssen.

An Grenzen entstehen aber immer Konflikte — das gilt
für territoriale Grenzen genauso wie für die der Ressourcen, auf die viele zugreifen wollen, aber durch die
nicht alle versorgt werden können. Wir sehen heute
sehr deutlich, dass einige Länder die Ölrechnung nicht
mehr bezahlen können und sich neu verschulden müssen. Das ist auf den Finanzmärkten möglich, aber erzeugt dann eine Schuldenkrise. Natürlich kann man den
Irak-Krieg auch als einen Krieg um Öl interpretieren.
Paul Wolfowitz, der ehemalige stellvertretende US-
Verteidigungsminister und einstige Chef der Weltbank,
hat auch gesagt, dass der Irak für sie wichtiger sei als
Nordkorea und dass sie deswegen in den Irak gehen
würden, da Nordkorea eben im Gegensatz zum Irak kein
Öl hat.

Eine Ihrer Thesen ist, die Erde sei kein Füllhorn. Wie meinen Sie das konkret?

Einige Leute sind der Auffassung, die Erde sei ein Füllhorn und es würde immer alles zur Verfügung stehen. Wir greifen die Ölreserven an, aber wir finden auch wieder neue Reserven. Es war auch zum Beispiel in den USA und in anderen Regionen bis Mitte der 70er der Fall, dass die Neufunde von Ölreserven größer waren als das Öl, das extrahiert und verbraucht worden ist.

Vielleicht erinnern sich noch einige daran, dass Rumänien einmal eine große Ölnation gewesen ist und deshalb im Zweiten Weltkrieg sogar Krieg geführt worden ist — die Nazis wollten nicht zuletzt auch wegen des Öls nach Rumänien. Heute spricht niemand mehr davon, da dort kein Tropfen mehr gefunden wird. Das ist bei sehr vielen anderen Ressourcen genauso der Fall.

Einerseits werden Ressourcen wie Öl immer knapper, andererseits steigt jedoch der Bedarf in manchen Ländern wie in China exorbitant an. Wohin wird diese Entwicklung führen?

Der Ölverbrauch Chinas betrug 2004 zwar 75 Prozent des gesamten Verbrauchszuwachses in der Welt, aber pro Kopf verbraucht China immer noch viel weniger — ungefähr ein Zehntel dessen —, was in den USA verbraucht wird. Aber wenn die Chinesen das US-amerikanische und das westeuropäische Modell wirklich kopieren wollen, dann werden sie unendlich viel Öl verbrauchen, was auf jeden Fall zu Konflikten führen wird. Vielleicht kommt man dann auch zur Erkenntnis, dass man Wachstum auf der Basis von Öl nicht endlos fortsetzen kann.

*Weltweite Erdöl-
und Erdgasvorkom-
men*

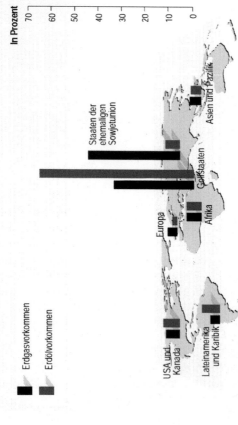

■ Erdgasvorkommen

▨ Erdölvorkommen

In Prozent

USA und
Kanada

Europa

Staaten der
ehemaligen
Sowjetunion

Afrika

Golfstaaten

Lateinamerika
und Karibik

Asien und Pazifik

Quelle: BP Statistical Review of World Energy. *Oil and Gas Journal*, 1998.

Quelle: Atlas der
Globalisierung,
2003, Seite 20

Ländervergleich Öl- und Gasverbrauch
(Pro-Kopf Energieverbrauch)

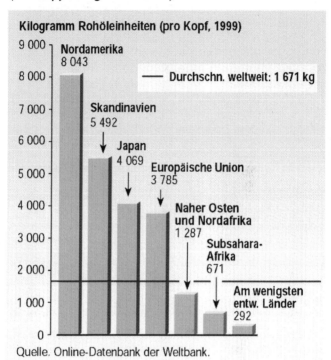

Kilogramm Rohöleinheiten (pro Kopf, 1999)

Quelle. Online-Datenbank der Weltbank.

Quelle: Atlas der Globalisierung, 2003, Seite 21

In Afrika stellt der Anstieg des Rohölpreises ein großes Problem dar, da dadurch angeblich Gelder für Entwicklungshilfe aufgezehrt werden sollen. Wie muss man das verstehen?

Es gibt eine ganze Reihe von Ländern, die den hohen Ölpreis nicht mehr bezahlen können. Sie können kein Öl importieren oder müssen einen so hohen Anteil der Exporterlöse für den Kauf der Ware Erdöl auf dem Markt einsetzen, dass sie andere Dinge nicht mehr importieren können, wie etwa notwendige Nahrungsmittel oder Investitionsgüter. Das bedeutet dann, dass möglicherweise die Gelder, die durch Entwicklungszusammenarbeit hereinkommen, benutzt werden müssen, um das Öl zu importieren. Unter Umständen müssen sie auch dazu verwendet werden, um Maschinen zu importieren, für die kein Geld mehr da ist, weil man so viel für das Erdöl ausgeben musste. Da kann die Entwicklungshilfe nicht mehr den Zielen und Zwecken dienen, die sie eigentlich erfüllen müsste, würde es nach vernünftigen Maßstäben gehen.

Das gilt für einige Länder in Afrika, aber auch für größere Länder wie Pakistan, die auch inzwischen über 35 Prozent ihrer Exporteinnahmen für den Kauf von Öl ausgeben müssen. Dann bleibt natürlich für andere notwendige Importe weniger übrig. Der ganze Investitionsprozess kommt ins Stocken oder die Bevölkerung muss hungern, um die Automobile und Industrie mit Öl zu versorgen.

Gibt es eine Wechselwirkung zwischen dem Ölpreis und den großen Kriegen auf der Welt?

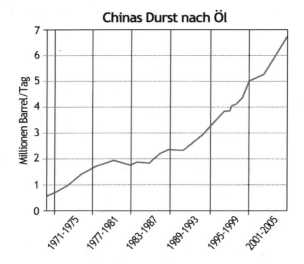

Quelle: Seifert/Werner, Schwarzbuch Öl, 2005, Seite 210

Man kann das empirisch natürlich nicht sehr gut nach-
weisen, aber es gibt Konflikte, die vielleicht aufgrund
der Energieknappheit hervorgerufen werden. Als ak-
tuellstes Beispiel: Das Saddam-Regime ist nicht deswegen von den USA und ihrer Koalition der Willigen ausge-
tauscht worden, weil sie das Öl einfach besitzen wollten. Sie wollten es so sehr kontrollieren, dass es wieder
als Faktor auf dem Weltmarkt genutzt werden konnte
und dann sicherlich auch über Verträge an US-Firmen
abgeliefert werden würde. Es handelt sich hier um eine
Strategie der Energiesicherheit, wie sie alle Industrienationen haben. Ohne Frage werden Kriege dadurch ge-
fördert.

Glauben Sie, dass jeder Krieg auch auf Rohstoffmangel zurückzuführen ist?

Natürlich nicht, es gibt viele Kriegsgründe. Wenn wir die Konflikte in Afrika oder Kolumbien betrachten, dann sind das Kriege, die nicht nur mit Rohstoffen zu tun haben. In Kolumbien ist es der Handel mit Drogen, Diamanten und Gold, der Konflikte auslöst. In Afrika ist auch Migration ein großer Faktor für kriegerische Auseinandersetzungen.

Was ist für Sie der Preis des Krieges?

Der Preis des Krieges sind Menschenleben, und die haben keinen Preis. Man kann den Wert eines Menschen nicht in Geld ausdrücken. So kann man in einem übertragenen Sinne sagen, dass der Preis des Krieges sehr hoch ist, denn jedes Menschenleben ist einmalig. In den Kriegen, deren Zeugen wir in den letzten Jahren sein mussten, sind hunderttausende Menschen umgekommen — allein in Darfur sollen es 200.000 gewesen sein, im Südsudan über eine Million, im Kongo an die 2 Millionen. Das sind nur die großen Kriege, es hat unzählige kleinere Auseinandersetzungen gegeben — lokale und innerurbane Konflikte — die man auch als eine neue Form von Krieg bezeichnen kann. Den Preis kann man nicht in Euro und Cent ausdrücken, das wird niemand schaffen und das wäre auch unmenschlich.

Laufende inner- und zwischenstaatliche Konflikte hoher Intensität von 1945 bis 2006

Legend:
- innerstaatlich
- zwischenstaatlich

Y-axis: Anzahl der Konflikte/Jahr (0, 5, 10, 15, 20, 25, 30, 35, 40, 45, 50)

X-axis: 1945, 1949, 1953, 1957, 1961, 1965, 1969, 1973, 1977, 1981, 1985, 1989, 1993, 1997, 2001, 2005

Laufende inner- und zwischenstaatliche Konflikte hoher Intensität 1945 bis 2006

Quelle: HIIK Konfliktbarometer 2005, www.hiik.de/de/index_d.htm

Anzahl inner- und zwischenstaatlicher Konflikte 2006 nach Intensität

Anzahl und Intensität
inner-, zwischen- und transnationaler Konflikte 2006

Quelle: HIIK Konfliktbarometer 2005, www.hiik.de/de/index_d.htm

Glauben Sie, dass man — von Menschenleben abgesehen — die Gesamtkosten eines Krieges zusammenrechnen könnte?

Man kann natürlich die Zerstörung beziffern, die Kriege verursachen. Man kann berechnen, was an Infrastruktur, an Wohnungen und an Möglichkeiten der Entwicklung zerstört worden ist. Da kann man mit großer Vorsicht sagen, dass das so und so viel Prozent des Bruttoinlandsproduktes kostet. Absolute Zahlen anzugeben ist zu schwierig und problematisch.

Es gibt dann noch die nicht in Geld ausdrückbaren Kosten, die unter Umständen sehr viel höher sind. Wenn erwachsene Menschen und Kinder sterben, dann schädigt das eine Gesellschaft möglicherweise auf Jahrzehnte, vielleicht sogar auf Jahrhunderte. In Deutschland oder Zentraleuropa haben wir möglicherweise immer noch nicht die Folgen des 30-jährigen Krieges überwunden. Vieles, was wir heute an Entwicklung haben, ist dadurch beeinflusst worden.

Verteilung aller Konflikte nach Region und
Gewalteinsatz 2006

Verteilung aller Konflikte nach Regionen und Gewalteinsatz 2006

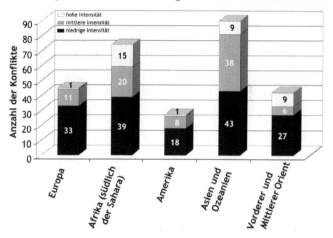

Quelle: HIIK Konfliktbarometer 2005, www.hiik.de/de/index _d.htm

Die heutigen Kriege, etwa die Bombardierung im Irak im Ersten und im Zweiten Golf-Krieg und dann während der 90er Jahre, haben eine traumatische Wirkung auf die Menschen. Diese Leute werden in Zukunft nicht mehr die gleichen sein, wie sie es früher einmal gewesen sind. Vielleicht ändert sich das, was man als „Volksseele" bezeichnen könnte. All das lässt sich natürlich in monetären Werten überhaupt nicht annähernd ausdrücken.

Was ist für Sie der Preis von Frieden?

Frieden bedeutet Verzicht auf Krieg und auf das, was man meint, mit Krieg erreichen zu können. Man kann vieles, was für den Menschen bedeutend ist, durch Politik und Aktivität in der Gesellschaft friedlich erreichen. Man sollte aber nicht auf die Idee kommen, eine Kosten-Nutzen-Kalkulation aufzustellen. Das machen manche Militärs, das hat seine Tradition und geht auf Ökonomen aus alten Zeiten zurück, aber es ist erstens unmenschlich und zweitens dumm, denn niemand ist in der Lage, die Gesamtheit der Kosten zu berechnen. Da gibt es so viele indirekte Kosten, Nutzen, Unwägbarkeiten, Einflüsse und Langfristwirkungen, die wir gar nicht überschauen können.

Es wird manchmal das Argument angeführt, dass die Rüstungsindustrie Arbeitsplätze schafft. Wie sehen Sie das?

Diese Argumente sind immer nur entweder der Denkfaulheit geschuldet oder sie bedienen ganz spezifische Interessen, denn die Infrastruktur, die man für den Krieg braucht, ist eine andere als die, die man für den Frieden braucht. Außerdem spielt das heute bei der modernen Kriegsführung ohnehin keine große Rolle mehr.

Es geht in erster Linie um den Luftkrieg, also ist die Luftfahrtindustrie daran interessiert, dass sie ihre Kampfjets und ihre Transportflugzeuge an den Mann, sprich an das Verteidigungsministerium, bringen kann.

Die Arbeitsplätze, die Auswirkungen auf die Kriegsindustrie haben, sind aber meistens sehr viel weniger als die, die man in einer friedlichen Welt schaffen könnte, in der eine ganz andere Infrastruktur — auch mit sehr vielen Arbeitskräften — entstehen könnte. Wenn man eine Bilanz des Arbeitskräfteverbrauchs aufstellen will, dann wäre in der Friedensindustrie sicherlich mehr zu machen als in der Kriegsindustrie. Es sei denn, man ist zynisch genug und sagt, dass der Krieg noch einen weiteren positiven Effekt für den Arbeitsmarkt hat, indem er dafür sorgt, dass unter Umständen eine Männergeneration umkommt, was dann die Arbeitslosenrate senken würde. Das wäre aber der absolut unmenschlichste Zynismus, den man sich vorstellen kann.

Krieg wird nicht nur zur Zerstörung irgendeines Feindes geführt, sondern er wirkt immer auch nach innen. Die Soldaten, die in einen Krieg gehen, kommen als andere Menschen zurück. Warum haben denn die Amerikaner so viele psychologische Problemfälle, die im Irak oder auch in Vietnam gewesen sind. Diese Menschen sind verändert worden — nicht durch feindliches Feuer, sondern durch die psychologischen Auswirkungen, die so ein Krieg für diejenigen bringt, die ihn führen, selbst wenn sie ihn gewinnen. Eine Gesellschaft würde sich letztlich immer selbst schaden, wenn sie Kriegsführung als eine Arbeitsplatzschaffungsmaßnahme gestaltet.

Welche Rolle spielen die natürlichen Ressourcen beim Wiederaufbau des Iraks und inwiefern profitieren amerikanische Firmen davon?

Die einzige Ware, die der Irak zu exportieren hat und die Geld bringt, ist natürlich das Öl. Früher wurden Datteln oder landwirtschaftliche Produkte exportiert. Es gab eine kleine Industrie, die im arabischen Raum auch konkurrenzfähig gewesen ist. Aber das ist alles schon Anfang der 90er Jahre zerstört worden. Dazu kommen die Zeit des Embargos und jetzt der Irak-Krieg seit 2003. Somit kann der Wiederaufbau nur durch die

Öl-Einnahmen finanziert werden, aber unter dem Protektorat der USA werden nur ausländische Firmen mit dem Wiederaufbau beauftragt. Dazu haben die Amerikaner in ihrer unsäglichen Arroganz nach dem „Gewinn" dieses Krieges gesagt, dass nur die Länder davon profitieren, die mit ihnen in der Allianz der Willigen gewesen sind – und die Länder des alten Europa waren das beispielsweise nicht. Es hat sich ganz klar gezeigt, dass vor allen Dingen die Wiederaufbauindustrie der USA am Wiederaufbau des Irak interessiert war, wobei dann auch im Nachhinein eine besonders hohe Korruption festgestellt werden konnte.

Da ist nichts im Irak aufgebaut worden. Den Wiederaufbau wird man sich nur leisten können, wenn man den Irak befriedet. Dies wird aber nicht mit militärischen Mitteln möglich sein, d.h. die USA müssten mit ihrer Allianz der Willigen aus dem Irak abziehen. Dann kann man ganz anders über den Wiederaufbau sprechen. Natürlich wird er dann aus den Exporteinnahmen finanziert werden müssen, vor allem durch die wichtigste irakische Exportware – das Öl. Wenn das unter der Ägide der Iraker selbst passiert, dann ist eventuell auch ein Erfolg zu erwarten. So wie das jetzt organisiert wird, ist der Misserfolg vorprogrammiert.

Würden theoretisch die Einnahmen aus dem Öl überhaupt reichen, um das Land wieder aufzubauen?

Das würde mit Sicherheit ausreichen, denn der Irak verfügt über ungefähr 110 Milliarden Barrel – das sind die zweitgrößten Erdölreserven der Welt. Aber es ist keine monetäre Frage, sondern es ist eine Frage der gesellschaftlichen Potenzen, des „Humankapitals", der Qualifikation und vor allem der Bereitschaft der Leute, den Frieden zu schaffen und zu bewahren – wenn diese Voraussetzungen gegeben sind, dann wird ein Wiederaufbau erfolgen können. Für diesen braucht man diese gewaltigen Erdöleinnahmen nicht, er wird sich auch aus dem dann in Gang kommenden ökonomisch-gesellschaftlichen Kreislauf im Irak selbst finanzieren und gestalten lassen.

Wie lange würde so ein Nation-Building andauern?

Der Irak ist eine alte Zivilisation — älter als die europäische und die amerikanische — und konnte bereits ein hohes Maß an Bildung und Qualifikation aufweisen. Viele Iraker sind auch unter der Diktatur Saddams ins Ausland gegangen und haben dort ihre Bildung erworben. Wenn das alles für den Wiederaufbau zusammenkäme, dann würde das durchaus funktionieren.

Wie lange dauert es, bis eine Nation nach einem Krieg wieder auf eigenen Beinen stehen kann?

Wenn wir in unsere eigene Vergangenheit schauen, kam es unmittelbar nach dem Zweiten Weltkrieg zur Zerstörung und Lähmung des Wirtschaftslebens. Dann fingen die Leute an, landwirtschaftliche Produkte anzubauen, die zerstörte Infrastruktur zu reparieren und die zerbombten Brücken und Straßen wieder aufzubauen. Nach einem halben Jahr fuhren dann die Eisenbahnlinien wieder und so trat langsam wieder Normalität ein. Anfang der 50er Jahre kam daraufhin die Zeit des Wirtschaftswunders — die Wachstumsraten waren damals ungeheuer hoch — und Mitte der 50er Jahre gab es keine Arbeitslosigkeit mehr. Nach einem Krieg besteht auch immer die Tendenz, dass ein sehr schneller Aufschwung erfolgt, weil man eigentlich nur das, was da ist, mobilisieren muss. Es ist auch im Irak sehr viel an Qualifikation, Potenzen und Kapazitäten da, die nur ein Umfeld brauchen, in dem sie sich realisieren können.

Deswegen gehe ich davon aus, dass es relativ schnell funktionieren würde. Es bräuchte natürlich internationale Unterstützung, aber dort, wo es notwendig und sinnvoll ist, könnte man das im Rahmen der UNO organisieren. In Form eines Protektorats dagegen wird der Aufbau nie gelingen.

Nation-Building

Nation-Building beschreibt im Allgemeinen die Bildung und Formierung einer Nation bzw. eines Nationalstaates nach westlichem Vorbild, also im Wesentlichen die Bildung eines „modernen" Nationalstaates. Der Begriff prägte in den 50er und 60er Jahren im Rahmen der Modernisierungstheorien vor allem die US-amerikanische Außen-, Entwicklungs- und Sicherheitspolitik und findet heute vor allem im Kontext komplexer Gewaltkonflikte und Staatszerfall Verwendung.

Quelle: Jochen Hippler (Hg.), Nation Building, ein Schlüsselkonzept für friedliche Konfliktbearbeitung? Bonn 2004. Dieter Nohlen und Rainer Olaf Schultze (Hg.), Lexikon der Politikwissenschaft. Theorien, Methoden, Begriffe, Band 2, München 2004

Möchte man vielleicht manchmal einem Land einen anderen Lebensstandard aufzwingen?

Nein, das ist sicherlich kein Grund. Denn auch nach den erklärten Zielsetzungen, die man auch in der National Security Strategy, der nationalen Sicherheitsstrategie der USA, niedergelegt findet, geht es immer darum, dass die Welt insgesamt wächst, denn Wachstum bedeutet eben letztendlich Frieden. „Wir wollen den Frieden in der Welt", das ist die offizielle Erklärung.

Nur stellt sich dann immer die Frage, wie dieses Wachstum zustande kommen soll. Da entstehen dann sofort Kontroversen, weil einige — ganz im neoliberalen Sinne

— für mehr Freiheit des Unternehmertums sind, während andere sagen, dass es so nicht funktionieren kann. Die Amerikaner sagen ganz klar, dass das Wachstum auf neoliberale Weise zustande kommen muss, und das ist dann sehr konfliktträchtig.

Was wäre Ihre Vision für eine Welt ohne Krieg?

Eine Welt ohne Krieg ist schon alleine für sich eine Vision. Wenn die Menschen überall auf der Welt in Frieden leben und ihren Interessen und Bedürfnissen nachgehen und gesellschaftlich zusammen sein könnten, dann wäre das schon eine wunderbare Angelegenheit. Dadurch würde sehr viel Kreativität freigesetzt werden, die heute dafür genutzt wird, um destruktiv zu wirken — sei es indem man gewalttätige Videos ansieht oder destruktive Spiele spielt. Das alles würde jedenfalls nicht mehr die Rolle spielen, die es heute spielt — und das wäre schon etwas Wunderbares.

Vergleich der Sicherheitsstrategien von EU und USA

	European Security Strategy (EU)	National Security Strategy (USA)
Herausforderungen	Armut, Hunger, Unterernährung, Flüchtlinge, globale Erwärmung, Energieabhängigkeit.	Rechtsstaatlichkeit, Redefreiheit, Religionsfreiheit, Privateigentum, Gleichberechtigung, Menschenwürde, freie Märkte.
Bedro-hungen	Terrorismus, Massenvernichtungswaffen, regionale Konflikte, Scheitern von Staaten, organisierte Kriminalität.	Terrorismus, Massenvernichtungswaffen, regionale Konflikte, „Katastrophale Technologien in den Händen von einigen wenigen Verbitterten".
Führerschaft	„In gemeinsamem Handeln können die Europäische Union und die Vereinigten Staaten eine mächtige Kraft zum Wohl der Welt sein".	„Als Anführer im Feldzug gegen den Terrorismus gehen wir neue, produktive internationale Beziehungen ein und definieren die bestehenden neu".
Militäraus-gaben	Es „müssen die Mittel für die Verteidigung aufgestockt und effektiver genutzt werden".	„Es ist die Zeit gekommen, wieder die wesentliche Rolle amerikanischer Militärmacht zu betonen." Sie „müssen den Herausforderungen voraus sein".

Militärinterven-tionen und Kriege	„Bei den neuen Bedrohungen wird die erste Verteidigungslinie oftmals im Ausland liegen." Die EU muss „mehrere Operationen gleichzeitig durchführen" können und ein „robustes Eingreifen" ist nötig.	US-Militär muss „jeglichen Gegner entschieden bekämpfen, sollte Abschreckung keine Wirkung zeigen." „Wir müssen uns auf eine größere Anzahl solcher Einsätze [Anm.: Afghanistan] vorbereiten"
Multila-teralismus	Sicherheit und Wohlstand hängen von einem „wirksamen multilateralen System" ab.	„Bildung von Koalitionen der Willigen und kooperative Sicherheitsvorkehrungen sind der Schlüssel"
Prävention und Präemption	„Wir müssen fähig sein zu handeln (...), wenn es Anzeichen für Proliferation gibt (...). Durch präventives Engagement können schwierigere Probleme in der Zukunft vermieden werden."	USA „haben sich seit langem die Option auf präemptive Handlungen offen gehalten, um (...) Bedrohungen (...) begegnen zu können."
Ökonomie	„Wir müssen die Vorteile wirtschaftlicher und politischer Zusammenarbeit auf unsere östlichen Nachbarn ausweiten".	„Freie Märkte und freier Handel" bekämpft Armut und erhöht nationale Sicherheit.
Zivile Mittel	Die EU „könnte einen besonderen Mehrwert erzielen, indem sie Operationen durchführt, bei denen sowohl militärische als auch zivile Fähigkeiten zum Einsatz gelangen."	„Entwicklungshilfe zur Förderung der Freiheit verwenden und diejenigen unterstützen, die sich gewaltfrei dafür einsetzen". Andere zivile Mittel werden nicht genannt.

Quelle: Thomas Roithner, Der transatlantische Griff nach der Welt, Wien 2007

Die Welt ist unfriedlicher geworden

PETER STRUTYNSKI

*Eine philosophische Frage zu Beginn: Was ist der Preis,
den eine Gesellschaft für Krieg bezahlen muss?*

Ich glaube, dass wir keinen Preis zu bezahlen haben,
sondern dass wir nur gewinnen können, wenn wir uns
auf einen vernünftigen Entwicklungspfad begeben, der
die Interessen aller Menschen, auch die Interessen des
Südens, mit berücksichtigt. Da wir das nicht tun, werden nicht die Menschen im Süden verlieren – das sind
bisher die Verlierer in der Entwicklung – sondern diese
Probleme werden zunehmend auch auf die westliche
Welt zurückkommen. Insofern bin ich durchaus der
Meinung, dass es darum geht, globale Strategien zu
entwickeln, die letztendlich allen Menschen zugute
kommen.

*Sie thematisieren die Entwicklung der EU weg von
einer Friedensmacht. Wie kann man das verstehen?*

Dafür gibt es verschiedene Indizien. Zunächst einmal
würde ich sagen, die EU war nicht nur eine Zivilmacht.
Die EU setzt sich ja aus verschiedenen Staaten zusammen, jeder dieser Staaten hat ein Militär und ist ein
mehr oder weniger hochgerüsteter Nationalstaat, und
aus diesen Rüstungsstaaten mit ihren eigenen Armeen
setzt sich dann diese EU zusammen. Das Besondere an
der EU ist allerdings, dass sie beansprucht, diese Natio-
nalstaatlichkeit zunehmend aufzulösen und in diesen
größeren europäischen Verbund einzubringen. Bis Anfang der 90er Jahre war es tatsächlich so, dass die EU

weder eine gemeinsame Außen- noch eine gemeinsame Sicherheitspolitik gemacht hat.

Trends europäischer Sicherheitspolitik

Die Europäische Sicherheits- und Verteidigungspolitik (ESVP), französisch la politique européenne de sécurité et de défense (PESD), ist Teil der Gemeinsamen Außen- und Sicherheitspolitik der Europäischen Union (GASP), gehört also zur so genannten „zweiten Säule" der Europäischen Union. Diese fällt in die Zuständigkeit der nationalen Regierungen, die Europäische Kommission hat kaum Einfluss auf die GASP.

Die Trends:
- von defensiver Gebietsverteidigung zu militärischem Interventionismus
- vom zwingenden UN-Mandat zu EU-Selbstmandatierungen
- vom US-Vasallentum zu eigenständigen Interventionen
- von allgemeiner Wehrpflicht zu interventionsfähigen BerufssoldatInnen
- vom klassischen peace keeping zu Kampfeinsätzen à la „battle groups"
- von nationalen Verteidigungsbudgets zu Aufrüstungsverpflichtung und gemeinsamer Rüstungsindustrie
- von politischer Zusammenarbeit zum militärischen Beistand
- vom nationalen Veto zu „Kerneuropa"
- von quantitativer Abrüstung zu qualitativer Aufrüstung
- vom sicherheitspolitischen Pluralismus zur „einen Stimme"

Quelle: Thomas Roithner, Neutralität und europäische Sicherheitspolitik, Jänner 2007

Was hat sich geändert?

Mit Maastricht und mit verschiedenen anderen Verträgen während der 90er Jahre hat die EU sich daran gemacht, eine eigene gemeinsame Außen- und Sicherheitspolitik zu formulieren. Im Ergebnis stellt sich heute heraus — das sehen wir sowohl am Verfassungsvertrag als auch an der europäischen Sicherheitsstrategie — dass die Außen- und Sicherheitspolitik der EU einen Weg zu Militärinterventionen vorschreibt, also einen Weg des Gebrauchs von militärischen Instrumenten zur Durchsetzung von politischen Interessen. Das bezeichnen wir als Militarisierung der EU-Politik. Die Dokumente sprechen da eine eindeutige Sprache. Das heißt noch nicht, dass die EU sich so weit militarisiert hätte wie es die USA beispielsweise ist. Aber die EU strebt danach, auch in militärischer und politischer Sicht mit den USA irgendwann auf gleicher Augenhöhe zu stehen.

Könnte sich die EU das überhaupt leisten, mit den USA mitzuhalten?

Man muss sehen, dass die 27 EU-Mitgliedstaaten mittlerweile eine Wirtschaftskraft haben, die einzigartig in der Welt ist. Es ist ein Wirtschaftsraum von über 450 Millionen Menschen, die Militärausgaben belaufen sich heute auf etwa 170 Milliarden Euro. Das ist ein Bruchteil dessen, was die USA als Konkurrent heute für Militär ausgeben, aber das ist, weltweit betrachtet, die zweitgrößte Ansammlung von militärischen Fähigkeiten, die in den EU-Staaten vorhanden sind. Ob man sich das leisten kann, ist eine andere Sache.

8,4 Milliarden Dollar pro Monat

Die „menschlichen Kosten", die die USA für den Irak-Krieg zu tragen haben, sind hoch: 3.689 getötete Soldaten der „Koalitionsgruppen" (3.415 davon aus den USA; Quelle: http://de.wikipedia.org/wiki/Irak_Krieg; Zugriff: 25.5.2007) scheinen mit dem Stand vom 19. Mai 2007 in den Gefallenenlisten auf. Über die Anzahl der Ziviltoten gibt es verschiedene Angaben. Sie reichen von 30.000 Toten (laut US-Präsident Bush im Dezember 2005) bis zu 655.000.

Die amerikanischen Steuerzahler indes wird der Krieg 2007 8,4 Milliarden Dollar pro Monat kosten. Für die zusätzliche Truppenentsendung sind laut Pentagon 5,6 Milliarden Dollar vorgesehen. Als eine Art „Notfall-Fonds" will Präsident George W. Bush vom Kongress noch einmal 100 Milliarden Dollar bewilligt haben. Insgesamt haben Senat und Repräsentantenhaus seit 2001 rund 503 Milliarden Dollar für die Kriege in Irak und Afghanistan sowie den Anti-Terrorkampf freigegeben.

Die US-Regierung selbst hat die direkten Kriegskosten Ende 2002 auf maximal 50 bis 60 Milliarden Dollar taxiert, also rund 47 bis 56 Milliarden Euro. Auf weit höhere Summen kommt hingegen William D. Nordhaus, Ökonomieprofessor an der renommierten Yale-Universität, in seiner Ende Oktober 2002 veröffentlichten Studie. Im schlimmsten Fall und auf zehn Jahre gesehen addieren sich die weltweiten Kosten laut Nordhaus auf gigantische 1,5 Billionen Euro, im günstigsten Fall auf „nur" gut 120 Milliarden. Denn im Gegensatz zu den offiziellen Schätzungen berücksichtigt der US-Wissenschafter auch ungünstige Szenarien, wie einen möglicherweise langwierigen Krieg samt Häuserkampf in Bagdad und Unruhen im Kurdengebiet. Hinzu rechnet Nordhaus die beträchtlichen Folgekosten für die Friedenssicherung und Besatzung mit mehreren zehntausend Soldaten — Summen von wahrscheinlich 15 Milliarden Euro jährlich, die in den amtlichen Papieren außen vor bleiben. Glaubt man den Versprechen von US-Präsident George W. Bush, wollen die USA dem Irak nach einem Krieg auch beim Aufbau der zerstörten Wirtschaft und staatlichen Institutionen helfen.

Das „Nation-Building" einschließlich der Schaffung einer modernen demokratischen Gesellschaft wird nach Expertenschätzungen mindestens zehn Jahre dauern. Will man den Lebensstandard der Iraker denen der Nachbarn in Ägypten oder Iran angleichen, können die Kosten laut Nordhaus während dieser Zeit leicht auf 20 bis 25 Milliarden Euro klettern. Ein Aufbauprogramm nach dem Vorbild des Marshall-Plans in Nachkriegs-Deutschland käme wohl vier Mal so teuer. Ob die USA im Irak am Ende wirklich so viel Geld für den Wiederaufbau ausgeben, erscheint indes sehr fraglich, denn der jährliche Haushaltsetat für die weltweite Entwicklungshilfe beträgt nur 15 Milliarden Dollar.

Im Vergleich übrigens: Die Kosten des Zweiten Weltkrieges, der teuerste aller amerikanischen Kriege, verschlang nach einer Berechnung des Wirtschaftswissenschafters William Nordhaus von der Yale University 130 Prozent des US-BIP. Nach heutiger Rechnung wären das rund 2,9 Billiarden Dollar. Der amerikanische Einsatz führte nicht nur zur bedingungslosen Kapitulation von Deutschland und Japan, sondern führte zugleich die USA aus der bislang schlimmsten Wirtschaftsflaute – der Großen Depression.

Quellen:
zu den ‚menschlichen Kosten: (laut Washington Post; Quelle: http://www.washington post.com /wp-dyn/content/article/2006/10 /10 /AR2006101001442.html, Zugriff: 25.5.2007), zu Folgetext: de. wikipedia.org/wiki/irak-krieg#soldaten_im_einsatz, Deutsches Magazin Stern (2003), Österreichische Tageszeitung Der Standard (Jänner 2007)

Ich denke, man kann sich Militär überhaupt nicht leisten, weil Militär keine Werte schafft. Man kann Waffen, Munition und militärische Fahrzeuge nicht konsumieren, die sind dazu da, ein Bedrohungspotenzial zu errichten, möglicherweise dazu da, in anderen Ländern Kriege zu führen. Aber sie bringen keine Wohlfahrt für die eigene Bevölkerung. Daher kann man sich jegliche Militarisierung eigentlich nicht leisten, weil sie Ressourcen aus dem zivilen Bereich abzieht.

In der Logik der Herrschenden, die diese Militarisierung wollen, muss man sagen, dass die EU im Durchschnitt weniger als zwei Prozent ihres Bruttoinlandsproduktes für Militär ausgibt, die USA über drei Prozent. Nun wissen wir, dass die USA diese Militärausgaben über den Dollar finanzieren und daher mehr Möglichkeiten in wirtschaftlicher Hinsicht haben als die EU. Aber in der Logik der Herrschenden sind durchaus noch Spielräume vorhanden, die eine weitere Militarisierung zulassen.

Hinzu kommt, dass die meisten EU-Länder auch in der NATO sind. Die NATO hat eine Empfehlung an alle NATO-Staaten herausgegeben, die Anteile der Militärausgaben am Bruttoinlandsprodukt auf 2,5 Prozent zu erhöhen — das heißt, diesen Spielraum auszunutzen. In der Bundesrepublik Deutschland würde das bedeuten, dass wir nicht 25 Milliarden Euro im Jahr für Militär ausgeben, sondern über 40 Milliarden Euro. Ob das von der Bevölkerung mitgetragen wird, das ist eine andere Frage. Da hab ich natürlich meine Hoffnungen, dass das nicht getan wird. Aber ich glaube, es sind auch Vorstellungen in der Industrie und bei manchen konservativen oder machtpolitisch denkenden Politikern vorhanden, diese Militärausgaben tatsächlich anzuheben.

Führt denn auch die Terrorismusangst zu einer Steigerung der Rüstungsausgaben?

Die Gefahr des Terrorismus trägt natürlich dazu bei, dass zumindest in der Öffentlichkeit der Eindruck erweckt wird, um sich gegen Terrorismus zu schützen, müsse man das Militär weiter aufrüsten. Wobei das eine schiefe Diskussion ist, denn Terrorismus bekämpft man nicht mit Militär. Anschläge wie sie 2005 in London passiert sind — wie sollte man so etwas verhindern? Indem man irgendwo Bomben wirft? Indem man irgendwo einmarschiert? Indem man irgendwelche Kriege oder Interventionen durchführt? Damit verhindert man solch eine Art von Terrorismus nicht. Die Bekämpfung des Terrorismus kann nur, meiner Überzeugung nach, mit den ganz normalen polizeilichen und juristischen Mitteln der Einzelstaaten und natürlich auf überstaatlicher Ebene durch eine Kooperation dieser Institutionen stattfinden, aber niemals durch Militär.

Wie bewerten Sie den Ansatz, dass man Entwicklungshilfe fördert und dadurch dem Terrorismus die Plattform nimmt? Wenn jemand im eigenen Land eine Zukunftsperspektive sieht, legt er anderswo keine Bomben. Wäre das schlüssig?

Ich finde es etwas verkürzt zu sagen, der Terrorismus entsteht automatisch aus den Problemen in den unterentwickelt gehaltenen Ländern der Welt. Aus Armut entsteht nicht unbedingt Terrorismus. Wenn wir uns die Terroristen — Osama Bin Laden ist noch immer nicht gefasst worden — ansehen, die immer weltweit als die Drahtzieher des Terrorismus gehandelt werden: Die stammen nachweislich nicht aus dieser Armutsschicht in der „Dritten Welt", sondern kommen aus einem ganz anderen Milieu, das eher dem entspricht, aus dem auch unsere Wirtschaftsführer und politische Klasse entstammt.

Richtig ist allerdings, dass die zunehmende Verelendung in der „Dritten Welt", die zunehmenden Armutsprozesse auch in der ehemaligen „Zweiten Welt" (Osteuropa oder die ehemaligen Staaten der Sowjetunion) ein Nährboden für die Entwicklung von illegalen Geschäften von Gewalt, Kriminalität bis hin zu Terrorismus sind. Mit dem terroristischen Nährboden sind kriminelle Gewalt und Drogenhandel eng verbunden. Da würde dann diese Politik greifen — eine stärkere Entwicklungspolitik und eine stärkere Berücksichtigung der Bedürfnisse in der „Dritten Welt". Das wäre sicherlich sehr viel sinnvoller als in Militär zu investieren. Mit Militär wird man die Armut nicht bekämpfen können, sondern nur noch mehr Armut schaffen. Deswegen muss man andere Wege der Entwicklung beschreiten.

Wir haben in der Bundesrepublik 25 Milliarden Euro, die im Jahr für Militär ausgegeben werden, ein Bruchteil davon, etwa sieben Milliarden, werden für Entwicklungshilfe direkt ausgegeben. Wir wissen, dass ein Teil der Entwicklungshilfe durch günstigere Handelsbeziehungen zu den entsprechenden Ländern wieder zurückfließt. Man öffnet sich Märkte, um einen Teil dessen, was man an Entwicklungshilfe ausgegeben hat, wieder zurück zu holen. Das heißt, es bleibt bei der Ungleichheit der Verhältnisse. Man müsste da schon die Entwicklungshilfe drastisch erhöhen und andere Entwicklungspfade beschreiten, um in der „Dritten Welt" voran zu kommen.

Welche anderen Entwicklungspfade könnten das sein?

Man müsste den ganzen internationalen Handel umstellen. Man darf den ungebremsten Freihandel, der in der neoliberalen Ideologie propagiert wird, nicht so weiter treiben. Denn ein freier Handel zwischen ungleichen Partnern beseitigt die Ungleichheit nicht, sondern verstärkt sie. Man muss dem Norden — also unserer politischen Klasse — sagen, dass durch eine kontrollierte Politik auf die Interessen der „Dritten Welt" Rücksicht zu nehmen ist. Dieser Handel müsste dann staatlich kontrolliert werden. Es sollten Sonderkonditionen für die Staaten oder die Gesellschaften der „Dritten Welt" und für deren Handelsbedürfnisse und Wirtschaftsbedürfnisse geschaffen werden. Wir müssen weg von diesem neoliberalen Pfad des Freihandels und begünstigte Bedingungen für die „Dritte Welt" schaffen.

Angeblich ging es früher bei der Entscheidung über Krieg um Blutzoll und die finanziellen Einbußen, heute ginge es im Wesentlichen um Geld und daher gäbe es seit 12 Jahren dauernd Krieg. Wie kann man diese Aussage verstehen?

Das ist natürlich ein verkehrtes Bild, das hier von der Anwendung militärischer Gewalt gezeichnet wird. Das sagt sich leicht, dass Kriege heute Spaziergänge sind — auch die, an denen die USA beteiligt sind — und die sind eigentlich an sehr vielen Kriegen beteiligt (an über 70 Kriegen nach dem Zweiten Weltkrieg, mit steigender Tendenz). Die USA und die Europäische Union mit ihren Hightech- und Präzisionswaffen haben das Drohpotential, um tatsächlich militärisch jeden Gegner nieder zu zwingen.

Nur der Preis, der da gezahlt wird, ist doch recht hoch. Es gibt im Irak und in Afghanistan ganz andere Zahlen, als die, die vom Pentagon oder der US-Regierung in Washington veröffentlicht werden. Washington gibt sonderbarer Weise keine Daten heraus über geschätzte Ziviltote bei diesen Kriegen — die gibt es weder in Afghanistan noch im Irak. Wir sind da auf andere Schätzungen, etwa des Roten Kreuzes oder von humanitären Organisationen, angewiesen oder von Meldungen aus Krankenhäusern im Irak beispielsweise. Da haben wir erlebt, dass die Opferzahlen unter der Zivilbevölkerung ungeheuer groß sind. Das ist das eine.

Wir müssen zum anderen sehen, dass die Zerstörungen — auch ein Hightech-Krieg ist ein „normaler" Krieg, wo Infrastrukturen, Krankenhäuser und Wohnhäuser zerstört werden —, die insgesamt angerichtet werden, so hoch sind, dass solche Länder, wie der Irak, fast ins Steinzeitalter zurück gebombt werden, mit immensen Schäden und Folgeschäden, die man noch in Jahrzehnten spüren wird.

Von daher geht es eben nicht nur um Geld und darum, dass sich bestimmte Staaten leisten können, einen Krieg zu führen, sondern wir müssen auch die Gegenrechnung anstellen. Ein Krieg kostet das betroffene Land sehr viel und wir wissen mittlerweile, er kostet auch das kriegführende Land sehr viel. Der Irak-Krieg kostet die USA sehr viel mehr, als sie eigentlich von Anfang an bereit waren, dafür auszugeben. Aber jetzt sind sie gezwungen, meinen sie, auch dort zu bleiben und jedes Jahr zig Milliarden dafür zusätzlich zu dem auszugeben, was sie eigentlich im Militärhaushalt geplant haben. Auf lange Sicht lässt sich selbst für die USA meines Erachtens so ein Krieg an anderen Schauplätzen nicht mehr durchführen.

Ist die Schaffung von wirtschaftlichen Großräumen das Ziel bei einem Krieg?

Dafür kenne ich kein Beispiel. Weder der Afghanistan-Krieg, noch der Irak-Krieg, noch der Jugoslawien-Krieg 1999, als es scheinbar um den Kosovo ging, wurden geführt, um wirtschaftliche Großräume herzustellen. Die wirtschaftlichen Großräume gibt es. Wir haben die USA, wir haben die EU, wir haben in Ostasien eine aufstrebende Macht mit China, wir haben Japan, wir haben eine Großmacht wie Russland, die eigentlich wieder eine richtige Weltmacht werden will. Im Irak geht es vordergründig um andere Dinge. Es geht um Ressourcen und auch bei anderen Kriegen, die in den letzten Jahren geführt worden sind, geht es darum, selektiv dafür zu sorgen, dass man sich die Kontrolle über wichtige Energie- und Rohstoffquellen sichert.

Der Irak-Krieg ist nicht nur ein Krieg gewesen — er läuft ja noch — um sich als USA das Öl unter den Nagel zu reißen, sondern es ist ein Krieg gewesen, der von Seiten der USA geführt wurde, um die Europäische Union und ihre Ambitionen in die Schranken zu weisen. Es ging darum, den Dollar als Leitwährung bei der Fakturierung des Öls beim Ölhandel zu sichern und den Euro unten zu halten. Denn der Dollar als Leitwährung versetzen die USA in die Lage, ihr eigenes Staatsdefizit, das ja immense Größen hat, auszugleichen, indem sie eben Dollar nach Lust und Laune drucken können.

Das ist ein Hintergrund für diesen Irak-Krieg. Man darf sich das nicht so vorstellen, dass da die USA das irakische Öl haben wollen. Man kommt auch durch ganz normale Handelsbeziehungen an Öl, aber in welcher Währung das Öl bezahlt wird, weltweit, das ist in diesem Konflikt das Entscheidende gewesen. Um Wirtschaftsräume kann es da gar nicht gehen.

Es gibt die These, dass die Rüstungsindustrie Arbeitsplätze schafft. Wie sehen Sie das?

Diese These ist genauso alt wie sie falsch ist. Natürlich schafft man Arbeitsplätze, und es werden Menschen in der Rüstung beschäftigt. Ich kann das sehr gut sagen, denn ich komme aus Kassel, wo die Rüstungsindustrie eine relativ große Rolle spielt. Ich weiß um die Schwierigkeiten, wenn wir mit den Beschäftigten aus den Rüstungsbetrieben diskutieren und nach Alternativen zu suchen. Die haben natürlich ein Interesse, dass ihre Arbeitsplätze bestehen bleiben und dass Rüstungsaufträge hierher kommen.

Wenn man genauer hinschaut, müssen wir sagen, dass Rüstungsarbeitsplätze erstens extrem unsicher sind, weil Rüstungsaufträge in zyklischen Wellen kommen. Ein neues Waffensystem wird entwickelt, es gibt dann Aufträge, die drei bis vier Jahre laufen. Wenn dann kein neuer staatlicher Auftrag da ist oder wenn sich diese Waffen aufgrund der internationalen Konkurrenz nicht verkaufen lassen, dann sieht es wieder schlecht aus. Rüstungsunternehmen sind nicht nur dem internationalen Waffenmarkt, sondern auch der staatlichen Nachfrage ausgeliefert. Wenn die wegfällt, weil man wieder für das eigene Militär andere Systeme braucht, dann kommt man in Schwierigkeiten. Es sind sehr anfällige Arbeitsplätze.

Der zweite Punkt ist: Rüstungsarbeitsplätze sind sehr teuer, weil sie sehr kapitalintensiv sind und wenig Arbeit brauchen. Es gibt Modellrechnungen von vielen Instituten, die mehrfach ausgerechnet haben, wie viel Geld man investieren muss, um einen Rüstungsarbeitsplatz zu subventionieren, und wie viel Arbeitsplätze geschaffen werden könnten, wenn man in zivile Bereiche investiert. Das Verhältnis ist etwa eins zu zwei. Das heißt, mit demselben Geld schafft man zwei zivile Arbeitsplätze, aber nur einen Rüstungsarbeitsplatz. Von da her würde es sich lohnen, in Bildung, in Erziehung, in soziale Projekte oder Ähnliches zu investieren. Man würde damit sehr viel mehr Arbeit nachfragen, als wenn man das in die sehr teure und barocke Rüstungsindustrie steckt.

Laut Genfer Konvention ist eine Besatzungsmacht für alle Probleme eines Landes zuständig, auch für alle Kosten des Landes — das muss ich alles bedenken, wenn

*ich in ein Land einmarschiere. Kann man sich das
überhaupt leisten?*

Das ist ein ganz wichtiger Aspekt, der jetzt beim Irak-
Krieg oder bei der Besatzungsmacht, die dort errichtet
worden ist, eine Rolle spielt. Nach dem Kriegsvölkerrecht muss eine Besatzungsmacht für die Sicherheit,
die Ordnung und für das Wohlergehen der unter der Besatzung lebenden Bevölkerung sorgen. Daraus ergeben
sich Verpflichtungen, die im Falle des Irak nicht eingehalten werden. Weil die USA, Großbritannien und die
anderen Besatzungsmächte, die da noch mit dabei sind,
weder für Ordnung, noch für Sicherheit, noch für die
adäquate Versorgung der Bevölkerung gewährleisten
können, haben wir heute im Irak eine Arbeitslosigkeit,
die über 50 Prozent beträgt. Wir haben eine Kriminalität, die ohnegleichen ist. Wir haben terroristische und
kriminelle Attentate und Widerstandshandlungen. Es
gibt keine Sicherheit, keine Ordnung, keine Wohlfahrt
für die Bevölkerung — von daher hätten die Vereinigten
Staaten und die anderen Besatzungsmächte die Pflicht,
nach Wegen zu suchen, wie man den Interessen des
Landes am besten entgegenkommt.

Meine Schlussfolgerung daraus ist, dass die Besatzungsmacht USA das nicht schafft, weil sie in diesem Land
das Chaos, die Unordnung, den Widerstand, den Terror,
die Kriminalität noch zusätzlich schürt. Aus diesem
Schlamassel, in dem die USA im Irak stecken, kommt
man nur mit einem möglichst schnellen Abzug der Besatzungsmächte — geordnet, aber schnell. Damit die
Iraker in die Lage versetzt werden und das Gefühl bekommen, ihre eigenen Geschicke selber wieder bestimmen zu können. Das ist die allererste Maßnahme, die
im Irak notwendig ist. Die Besatzung hat schon lange
genug gedauert. Vielleicht würde man beim Rückzug,
zusammen mit den Vereinten Nationen und der ira-

kischen Übergangsregierung Möglichkeiten schaffen können, dass sich die Lage wieder beruhigen könnte.

Glauben Sie, dass Hilfsprogramme in Nachkriegsgesellschaften helfen?

Da sind wir bei der Frage der Entwicklungs- und Wiederaufbauhilfe für Länder in der „Dritten Welt", denn fast nur diese sind von dieser Art von Kriegen betroffen. Es gibt kaum positive Beispiele aus den letzten Jahren. Wenn wir an Somalia denken, an Haiti, den Irak als Dauerbeispiel, an Afghanistan, so gibt es trotz intensiver Bemühungen von Seiten der Vereinten Nationen und von Hilfsorganisationen eigentlich keine wirklichen Fortschritte. Man muss dazu sagen, dass die Zusagen, die von den internationalen Geldgebern auf so genannten Geberkonferenzen gemacht werden, in der Regel nicht eingehalten werden. Diese Konferenzen hat es sowohl beim Irak als auch bei Afghanistan schon zweimal gegeben. Das ist ein ganz großes Problem. Man trifft sich, gibt vage Zusagen, die werden dann summiert zu doch recht beträchtlichen Beträgen und wenn man dann bei der UNO ein oder zwei Jahre später nachfragt, wie das umgesetzt worden ist, dann stellt sich in der Regel heraus, das Geld ist gar nicht oder nur als Bruchteil dort angekommen.

Es sind keine rechtswirksamen Vereinbarungen, die dort getätigt werden, sondern es sind vage Versprechungen. Man müsste große Programme anlegen. In solchen Nachkonfliktsituationen, wie im Falle des völkerrechtswidrigen Irak-Krieges, müssten die Kriegführenden das Geld für Wiederaufbauhilfe bereitstellen, um zumindest einen Teil dessen wieder herzustellen, was im Krieg zerstört worden ist – das heißt, Reparationen durch die Verursacher, so wie nach jedem Krieg. Es ist ein Teil des Völkerrechts, dass der Aggressor zur Kasse gebeten werden muss. Der Irak muss, nachdem er 1990 Kuwait überfallen hat, bis zum heutigen Tag Reparationen an Kuwait bezahlen. Mir ist nicht bekannt, dass es bisher irgendeine Resolution des UN-Sicherheitsrates gibt, wo die USA und die anderen Kriegs- und Besatzungsmächte aufgefordert worden wären, Reparationen an den Irak zu bezahlen. Aber das ist die erste Bedingung, um überhaupt Aufbauhilfe zu leisten.

Was wäre Ihre Vision, wie man in Zukunft agieren sollte?

Wir müssen sehen und erkennen, dass die Welt so nicht weitermachen kann, wie sie bisher gewirtschaftet und gehandelt hat. Das ist das allerwichtigste, weil wir heute an einem Punkt angelangt sind, wo wir in wirtschaftlicher und ökologischer Hinsicht so nicht mehr weiter machen dürfen. Die Welt ist unfriedlicher, unwirtlicher für die Bewohner geworden, als sie noch vor 20 oder 30 Jahren war. Sie ist chaotischer geworden. Staaten und die politischen Klassen rücken immer stärker ihre eigenen nationalen Interessen in den Vordergrund und betrachten nicht mehr das Ganze. Wir sind längst entfernt von dem, was einmal in den 80er Jahren in großen UNO-Papieren „nachhaltige Entwicklung" genannt worden ist. – Wir bewegen uns im Rückwärtsgang von einem eigentlich schon erreichten Erkenntnisstand. Wir müssen wieder dazu kommen, nicht nur den eigenen unmittelbaren, kurzfristigen, wirtschaftlichen Vorteil zu sehen, sondern die gesamte Entwicklung in der Welt zu betrachten und dafür Vorkehrungen zu treffen. Wenn ich das auf das Gebiet der internationalen Beziehungen übertrage, die ich berufsmäßig mehr im Auge habe, würde ich meinen, wir brauchen dann auch keine UNO-Reform, die sich nur darum kümmert, wie der nächste Sicherheitsrat aussieht und ob Deutschland und Japan, als starke Mächte, auch noch im Sicherheitsrat sind.

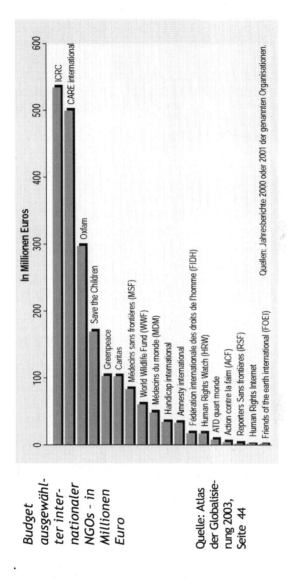

Budget ausgewählter internationaler NGOs – in Millionen Euro

Quelle: Atlas der Globalisierung 2003, Seite 44

In Millionen Euros

- ICRC
- CARE international
- Oxfam
- Save the Children
- Greenpeace
- Caritas
- Médecins sans frontières (MSF)
- World Wildlife Fund (WWF)
- Médecins du monde (MDM)
- Handicap international
- Amnesty international
- Fédération internationale des droits de l'homme (FIDH)
- Human Rights Watch (HRW)
- ATD quart monde
- Action contre la faim (ACF)
- Reporters Sans frontières (RSF)
- Human Rights Internet
- Friends of the earth international (FOEI)

Quellen: Jahresberichte 2000 oder 2001 der genannten Organisationen.

Eine Reform der UNO, welche die Rechte der General-versammlung stärkt, das wäre eine UNO, die dem Sicherheitsrat selber als exekutive Macht bestimmte Fesseln anlegt. Es kann nicht sein, dass die fünf Atommächte im Sicherheitsrat letztendlich durch ihr Veto alles bestimmen können — undemokratischer geht es nicht mehr. Man müsste die UNO selber einer juristischen Kontrolle unterwerfen, man bräuchte eine Ausweitung des internationalen Gerichtshofes in Den Haag, der auch die Möglichkeit haben muss, Entscheidungen des Sicherheitsrates einer Normenkontrolle zu unterwerfen.

In der Bundesrepublik haben wir ein Bundesverfassungsgericht, und das wacht darüber, ob Gesetze oder Handlungen der Exekutive vereinbar sind mit unserem Grundgesetz. Auf UNO-Ebene gibt es so etwas nicht, und das wären Punkte, die wir in die öffentliche Debatte bringen müssten — hin zu einer Demokratisierung der ganzen Weltbeziehungen, vor allem in diesem politischen Bereich, aber dann auch im wirtschaftlichen Bereich.

Die UNO sollte eine demokratische Institution werden, in der alle 195 Staaten der Erde gleichberechtigt und demokratisch mitentscheiden können, was aus dieser Welt wird und wo wir in Zukunft hingehen.

Die Kosten des Krieges

FRIEDRICH KORKISCH

Was ist für Sie der Preis des Krieges?

Da der Preis eines Krieges eine materielle Größenordnung ist, stellt sich die Frage, ob man hiezu auch eine
vernünftige philosophische Antwort finden kann. Pro-
bieren wir es einmal anders herum: Wir wissen ungefähr seit dem Dreißigjährigen Krieg, was Kriege kosten.
Das Problem ist einmal das Rückrechnen und dann das
Umrechnen in heutige Währungen. Offen bleiben die
Abschätzungen der anderen Kosten, die in Kriegen entstehen, die man nicht kalkulieren kann. Der Preis eines
Krieges ist eben jener, den ein Land bereit, ist zu bezahlen, um einen bestimmten Nutzen zu ziehen, oder
als Verlierer dann zahlen muss.

Der Nutzen kann einmal rein politisch sein — einschließlich willkürlicher Akte, man denke an Napoleon III., der
aus Prestigegründen 1870 einen Krieg begann, aber sein
Kalkül ging daneben. Der Nutzen kann auch ökonomisch
sein, oder man kann ihn militärisch begründen, etwa
durch die Beseitigung einer Bedrohung. Der Preis kann
einen strategischen Vorteil bringen, der so groß ist,
dass eine Kriegspartei bereit ist, die Kosten um eines
Vorteils willen bis ins Unermessliche zu steigern. Solche
Fälle gibt es genug. Wie die Geschichte zeigt, sind
Kriegführende bereit, bis zum Äußersten zu gehen, um
einen Krieg zu gewinnen, unabhängig davon, welche
Kosten entstehen oder welchen Nutzen man letztlich
tatsächlich daraus ziehen kann.

Militärausgaben weltweit 1996 – 2005
(in Milliarden US-Dollar)

Militärausgaben weltweit 1996 – 2005 (in Milliarden US-$)

REGIONEN	1996	1998	2001	2003	2005
Afrika	8,6	9,4	11,1	11,9	12,7
Nordamerika	328	319	335	425	489
Zentral- und Südamerika	19	20,8	23,6	21,7	23,8
Asien und Ozeanien	116	119	132	144	157
Westeuropa	209	210	214	223	220
Naher Osten	39	46,5	55	55	(63)

Quelle: SIPRI-Yearbook 2006, Seite 326

Hinweis des Autors: Kosten für die USA (hier in Nordamerika inkludiert) ohne Kriegskosten für Afghanistan und Irak, ohne Kosten der Veterans Administration, ohne Kosten der Nachrichtendienste und anderer zusätzlich bewilligter Budgets. 2006 betrugen diese Kosten für das Department of Defense, Homeland Defense und für andere Titel insgesamt rund 600 Milliarden Dollar.

Es wird oft behauptet, dass Kriege sich nicht rechnen. Es gibt Meinungen, die besagen, dass man denselben Nutzen ohne Krieg erzielen könnte, wenn man versuchen würde, das Ziel auf politischem Weg zu erreichen. Dies kann vermutlich durch Erpressung geschehen, durch rigorose Sanktionen oder Drohungen – wie etwa mit dem angedrohten Einsatz von Nuklearwaffen wie 1946 seitens der USA gegen die Sowjetunion wegen des Irans, durch die Androhung von Aggressionen oder Interventionen, die man dann nicht durchführt, aber mit einer gezielten „force projection" in einer Krisenregion abstützt.

Im Zusammenhang mit dem Niedergang der Sowjetunion haben wir gesehen, dass ein Land, das zur Weltrevolution aufruft, in der Hoffnung, dass ein Großteil der so genannten „revolutionären Völker" dabei mitspielt, die eigene Aufrüstung soweit treiben kann, dass man an ihr scheitert — ohne dass ein Schuss gefallen wäre. Nicht nur Kriege, sondern auch der Frieden kostet sehr viel, etwa, wenn ich den Mitteleinsatz überziehe. Die Sowjetunion, die nach westlichen Gesichtspunkten sowieso wirtschaftlich eher auf schwachen Beinen stand, hatte etwa 17 bis 18 Prozent des Bruttosozialproduktes in die Rüstung gesteckt. Während dessen hatten die USA im gleichen Zeitraum eigentlich nie mehr als sechs bis sieben Prozent des BSP in den Kalten Krieg investiert und diese Zahl ist jetzt, trotz Irak und Afghanistan, noch weiter gesunken — etwa auf fünf Prozent.

Werden Kriege nicht auch immer teurer und finanziell immer unabschätzbarer?

Es gibt eine Reihe von Vorgängen, wo Militärs Politikern versprochen hatten, dass ein Krieg in relativ kurzer Zeit beendet ist. Der Erste Weltkrieg ist ein klassischer Fall und — wenn wir noch weiter zurückgehen — der Amerikanische Bürgerkrieg, wo die Generäle der Unionsarmee Lincoln versichert hatten, dass sie die Konföderierten, aufgrund der eigenen Truppenstärke, spätestens in vier bis sechs Wochen niederwerfen würden und diese keine ernstzunehmenden Gegner wären. Wie man weiß, hat der Krieg dann fast fünf Jahre gedauert und 600.000 Tote gekostet. In jedem Krieg sagen entweder Politiker oder Militärs, der Krieg wäre in kürzester Zeit vorbei. Daher könne er auch nicht viel kosten, und möglicherweise könnte man den Krieg sogar ohne erhebliche zusätzliche Rüstungsaufwendungen durchstehen. Es gibt kaum ein Beispiel dafür, dass ein Krieg kalkulierbar gewesen wäre, daher fehlen auch volkswirtschaftliche Modelle. Im Zweiten Weltkrieg etwa ist die deutsche Rüstungsproduktion nach dem Frankreich-Feldzug radikal heruntergefahren worden, mit dem Ergebnis, dass man dann beim Russland-Feldzug einfach zu wenig Gerät hatte, um diesen auch technisch und materiell durchstehen zu können.

Ist Rüstung seit Ende des Kalten Krieges schwieriger geworden?

Bis zum 16. Jahrhundert waren Kriege fast immer Herbstfeldzüge. Man hatte den Krieg nach der Ernte begonnen und vor Einbruch des Winters beendet. Später war man in der Lage, Feldzüge auch im Winter zu führen, weil die Truppenausrüstung besser wurde. Mit den beginnenden „Mobilmachungsheeren" nach den napoleonischen Kriegen konnten Kriege das ganze Jahr hindurch geführt werden. Dadurch waren nun große Feldzüge machbar, die zudem vorausgeplant werden konnten, aber auch detailliert vorausgeplant werden mussten, wenngleich viele dieser Planungen nach dem ersten Kriegstag bereits Makulatur waren. Die Mobilmachung wurde jedenfalls zu einem wesentlichen politischen und militärischen Faktor.

Damit beginnt das, was man landläufig „Strategie" oder „Operation" nennt und die Vorbereitung von Kriegen bereits im Frieden, die „Op-Fall"-Planung wird zur Dauerbeschäftigung. Man muss neben den Personalstärken vor allem alle benötigten Güter berechnen, sammeln, um in der Lage zu sein, mit einem mobil gemachten Heer zumindest eine gewisse Strecke des Krieges hindurch das Auslangen zu finden: Da kann man sich allerdings gewaltig verrechnen, nicht nur wie die Mächte 1914, sondern auch in der heutigen Zeit.

Zum Beispiel verbrauchten im Zusammenhang mit den Lufteinsätzen in Bosnien- Herzegowina, die ja nicht sehr lange gedauert haben, fast alle beteiligten NATO-Staaten — mit Ausnahme der USA und Großbritanniens — den gesamten Ersatzteilvorrat für die Jäger F-16, den sie eigentlich für den Krieg gegen den Warschauer Pakt vorbereitet hatten. Das war eine klassische Fehlrechnung, die ohne Konsequenzen blieb. Man weiß daher nie, was man wirklich benötigt. Dies zu berechnen, ist zwar eine schöne Angelegenheit für Angehörige in den höheren militärischen Akademien und bei den Planungsstäben, greift aber meistens zu kurz. In allen Kriegen ist man dann oft gezwungen gewesen, zu substituieren — entweder durch Beutegerät, auf der Energieseite oder sonst wo, wenn sich der Krieg in die Länge zog, weil man keine rasche Entscheidung herbeizwingen konnte. Die USA lösten das Problem durch Überproduktion und „push"-Versorgung: Es wurde nachgeschoben, auch wenn man die Güter nicht benötigte.

Dazu kommt noch, dass im Zuge der Mobilisierung ein großer Teil der Arbeitskräfte aus der Wirtschaft herausfällt. Das führt dann dazu, dass Frauen in die Wirtschaft überall eingegliedert wurden, aber nach Ende des Zweiten Weltkrieges natürlich wieder heimgeschickt wurden.

Gibt es nicht bei Kriegsgeräten — vor allem Flugzeugen — eine unglaubliche Preissteigerung in den letzten Jahren?

Schon im Zweiten Weltkrieg kostete ein Jäger vom Typ P-51 der U.S. Army Air Forces — so hieß die heutige U.S. Air Force bis 1947 — ab Werk ungefähr 55.000 Dollar. Wenn man dann die Ersatzteil-Erstbevorratung, Fernmeldegerät, Bewaffnung und was dann noch benötigt wurde dazurechnet, dann sind wir bei 85.000 Dollar. Wenn man die Ausbildung des Bodenpersonals und des Piloten hinzurechnet, dann kommt man auf einen Systempreis von 120.000 bis 150.000 Dollar. Auf den heutigen Dollarwert umgelegt, muss man diese Summen mit 20 multiplizieren.

In die heutige Zeit verlagert, stellen wir fest, dass die anteiligen Entwicklungskosten, plus des Nettoherstellungspreises eines Jagdflugzeuges, um die 30 Millionen Dollar liegen, die das Werk selbst aufwenden muss. Weiters müssen auch die Sublieferanten bezahlt werden, denn das Triebwerk, die Avionik, Fernmeldeausrüstung und die restliche Kampf-Elektronik werden nicht vom Flugzeugproduzenten hergestellt und dies kostet weitere 25 Millionen Dollar. Produktion ist in Wirklichkeit vor allem Systemintegration und Assembling; das Bodengerät, die Prüf- und Messgeräte und die Ersatzteilgrundausstattung dazugerechnet, kommt man auf 70 Millionen Dollar. Dann sind da noch die Ausbildung der Piloten, die Bewaffnung, die Dokumentation, die notwendigen Modifikationen am neuen Gerät, um die Flugtüchtigkeit und die Kampffähigkeit voll zu erhalten und um eine Kampfwertsteigerung durchzuführen. Dazu kommt ein zugestandener Profit von sieben Prozent vor Steuern. Damit erhält man einen Systempreis von ungefähr 120 bis 180 Millionen Dollar, soviel kostet derzeit ein Jäger des Typs F-18E, der komplette Eurofighter, die letzten Bauserien der F-15 und rund 250 Millionen Dollar beträgt der Systempreis für eine F-22, eine Milliarde Dollar kostet ein B-1 Bomber und zwölf Milliarden ein Flugzeugträger.

Eine Streitfrage ist auch immer, ob man auf Quantität setzt und dafür ein billigeres Gerät hat, oder ob man auf hohe Qualität setzt und dann weniger davon beschafft. Heute gilt: Keine Kompromisse bei der Qualität, damit wird es teuer. Von der F-16 wurden bis jetzt etwa 4.000 Exemplare gebaut, während bei anderen Flugzeugen die Produktionszahlen ein Drittel oder weniger betragen. Generell kann man sagen, dass sich von Jet-Generation zu Jet-Generation der Preis der

Flugzeuge jeweils etwa verdreifacht hat — darum liegen wir heute bei diesen exorbitanten Summen.

Ist es eine Frage der Politik, wie sehr man sich auf einen Krieg vorbereitet?

Zunächst hat man einen internen Konflikt, etwa bei einer Großmacht, wenn man das Geld zwischen Armee, Luftstreitkräften, Marine, Forschung, Betrieb und Personalkosten aufteilt. Marinerüstung ist immer das Teuerste. Dann geht es darum, welche Unternehmen bei der Auftragserteilung zum Zug kommen und in welchem Zeitraum, wer was erzeugt. Dann muss man die lokale Arbeitsmarktsituation mit einkalkulieren: Wenn man eine Schiffswerft zusperrt und dann in einer Region 5.000 bis 10.000 Arbeitslose mehr hat, gibt es ein Problem. Das ist einer der Gründe, warum das Vergeben von Verträgen an Hersteller auch ein politischer Prozess ist.

Hier eine aktuelle Anmerkung: Der Streit um den Eurofighter in Österreich ist auch ein Ressourcenkonflikt im Bundesministerium für Landesverteidigung, viele Offiziere wollen das Flugzeug weghaben, weil das Budget aus politischen Gründen so gering gehalten wird, dass andere Verbände zwangsläufig aufgelöst werden müssen.

Dann ist die zweite Frage, wie weit Kosten kompensiert werden können, indem altes Gerät modernisiert, oder rüstungspolitisch in neues Gerät investiert wird. Stellt man alle Entwicklungen im Inland ein und kauft nur mehr im Ausland, weil es billiger ist, oder erhält man eigenes Know-how oder Produktionsfähigkeit, sichert dadurch Arbeitsplätze, produziert aber wesentlich teurer? Das ist das Problem der europäischen Staaten. Es ist dann keine Frage des nationalen Prestiges, wie viel

Flugzeugproduktion denn überhaupt leistbar ist oder nicht, sondern der ökonomischen Vernunft. Wenn Großbritannien gemeinsam mit anderen Staaten ein Jagdflugzeug herstellt und Frankreich hingegen zwei Typen, nämlich die Mirage 2000 und die Rafale, dann kann man sich vorstellen, welche Kosten ein Käufer bei so geringen Produktionszahlen zu tragen hat. Ökonomische Vernunft bleibt dann zumeist auf der Strecke.

Eine weitere Frage hängt von der Bedrohung beziehungsweise von der nationalen Strategie ab. Jeder Staat hat heute eine Strategie, die genauer betrachtet, oft nur bedrucktes Papier ist – siehe etwa Österreich. Aber Bedrohung ist etwas sehr reales und volkswirtschaftlich gesehen, werden sich der Aufwand und die Rüstung danach richten, in welchem Ausmaß sich ein Staat bedroht fühlt. Wenn Staaten momentan keiner Bedrohung ausgesetzt sind oder glauben, keiner ausgesetzt zu sein, dann reduzieren sie ihr Verteidigungsbudget bis zum „Existenzminimum".

Sind verschiedentlich Budgets gekürzt worden?

Es reicht schon, wenn man das Budget nicht erhöht, denn durch Preissteigerungen ist es bei gleichem Budget über Jahre hinweg nicht mehr möglich, altes Gerät 1:1 mit neuem zu ersetzen. Das ist ein Problem, das alle europäischen Staaten derzeit haben, und alle europäischen Staaten beantworten diese Frage im Moment mit der Reduktion von „Overhead", sprich dem Zusperren von Kasernen, dem Aufgeben von Kriegsschiffen, dem Einmotten oder Abstellen von Flugzeugen, dem Übergang von Wehrpflichtigen-Armeen auf kleine Berufsarmeen. Man konzentriert sich nur mehr auf einige wenige Aufgaben. Das bedeutet, dass nur ganz wenige Länder wie die USA, Großbritannien, China, Russland und Indien in der Lage sind, die ganze Palette an militärischen Aufgabenstellungen abzudecken.

Die USA sind das einzige Land, das neben 90 Kampfbrigaden, von der Raketenverteidigung über Lufttransport, Seetransport, Luftverteidigung, Stealth-Bomber, konventionelle und nukleare Waffen, alles abdecken. Erstens haben sie die industrielle Basis und zweitens sind sie als Macht gefordert, keine Lücke aufzumachen, in die ein potentieller Gegner hineinstoßen könnte. Noch einmal zu Österreich: Hier gibt es seit 20 Jahren das gleiche Budget, somit immer weniger „Militär". Nur jetzt ist die Chance, noch irgendeine Aufgabe sinnvoll erfüllen zu können, erstmals hinterfragt.

Ist das dann ein gefährliches Szenario?

Ja und Nein, aber das ist schon seit 2000 Jahren so. Es ist dabei egal, ob es sich um Segelschiffe oder Flugzeuge handelt. Die USA hatten 1940 fast gar keine Armee und kaum Luftstreitkräfte, im Sommer 1945 die größten der Welt. Es ist immer die Kombination von politischer Inkompetenz, Bedrohungsverneinung, fehlender Artikulationsfähigkeit der Militärs und fehlende personelle und materielle „Aufwuchsfähigkeit", die bei plötzlicher Gefahr gefährlich werden kann. Im Juli 1914 hatte niemand in Europa gedacht, dass man in wenigen Tagen in einem Weltkrieg verstrickt sein würde, denn es war tiefster Friede, niemand wollte einen Krieg.

Gilt in Militärkreisen der Spruch „maximal slaughter for a minimum of costs"?

Das gilt natürlich immer, die Frage ist nur „What minimum of costs is the absolute minimum?". Natürlich versucht jeder mit den Mitteln, die er hat, die größte Wirkung zu erzielen, nicht nur strategisch und operativ, sondern auch taktisch, also auf dem Gefechtsfeld. Das heißt, der bessere Panzer mit der besseren Kanone, der weiter schießt, das Ziel rascher erfasst und de facto den Feindpanzer rascher abschießt, hat dadurch den Vorteil des kürzeren Zeitfensters. Das ist meines Erachtens ein ganz essentieller Teil, der im Kampffahrzeug eine entsprechende Elektronik und eine ganz hervorragende Ausbildung der Besatzung bedingt. Das kann ich aber nicht mehr in drei oder vier Wochen vermitteln, die Besatzung muss monatelang ausgebildet werden. Alles andere ist Vergeudung von Ressourcen und bringt dem Unterlegenen nur den raschen Tod.

Sie haben Krieg und Wirtschaft ein ambivalentes Verhältnis zugeschrieben.

Richtig! Man kann davon ausgehen, dass jede Form einer gesunden Wirtschaft ein Optimum an Wachstum, an Arbeitsplätzen und an Wohlstand mit sich bringt, auch wenn ein Teil dieser Wirtschaftsleistung für den militärischen Bereich abgezweigt wird. Auf der Habenseite stehen zudem die positiven Effekte für den Arbeitsmarkt und die „spill-overs" von Forschung und Entwicklung für die restliche Wirtschaft. Das ist die erste Rechnung.

Die zweite Rechnung besagt, dass auch die für die Rüstung abgezweigte Energie und Finanzmittel letztlich der eigenen Wirtschaft wieder zufließen. Das heißt, man produziert, beschäftigt Leute, die ihren Lohn de facto wieder in Mieten, Konsumgüter und Lebenserhaltungskosten einzahlen. Ob dieser Betreffende in einer Firma beschäftigt ist, die Zivilgüter produziert oder Kriegsgüter herstellt, ist volkswirtschaftstheoretisch letztlich egal. Die Rüstung ist nur ein kleiner Teil der Volkswirtschaft. Es gibt auch keine mathematische Formel, die im Frieden den Unterschied zwischen Rüstungsinvestitionen und Friedenswirtschaft klar aufzeigt.

Anders im Krieg: Man kann sagen, Kriegswirtschaft ist Friedenswirtschaft plus der Reserven, die bei der Friedenswirtschaft nicht benötigt werden. Hierzu kommen Potenziale, die man in die Kriegswirtschaft einbindet, wie etwa die drastische Minderung der Konsumgüterproduktion, Lohn- und Preisstopp, plus Rationierungen. Die so akkumulierten Ressourcen und Arbeitskräfte, der volle Rohstoff- und Maschineneinsatz steigern die Kriegsproduktion in erstaunliche Höhen. Hiezu kommt die Kriegsbeute: Man erinnere sich, dass auf Grund des Treibstoffmangels im Deutschen Reich 1940/41 die Beute von Benzin, Öl, Schmiermittel etc. wichtig war. Abgezogen werden dann die von Kriegshandlungen zerstörten Güter oder Fehlinvestitionen. Jetzt verhindern die Investitionen, die man in den Bau von zehn Flugzeugträgern und 30.000 Flugzeuge hineinsteckt, Investitionen für den Wohnbau, für Bildung und andere Sozialleistungen, weil das nicht bediente Bedürfnisse sind. Im Krieg baut aber niemand neue Wohnungen, eher Baracken, Notunterkünfte oder Bunker. Im Zweiten Weltkrieg liefen bei den Kriegsparteien 40 bis 50 Prozent des BSP in die Kriegswirtschaft.

Daher lautet die dritte Rechnung, dass die Kriegsindustrie, sozusagen aufgrund ihres eindimensionalen Charakters, zwar produktivitätssteigernd, aber nicht wohlstandsvermehrend ist und zumeist mit Krediten finanziert wird, wobei die Gläubiger oft das Pech haben, durch eine Hyperinflation nach dem Krieg um ihre Einlagen gebracht zu werden.

Die letzte, aber vielleicht wichtigste Rechnung ist, dass Friede und Freiheit natürlich auch einen Preis oder Wert haben, wenngleich man diesen nicht in realen

Summen angeben kann. Jeder Staat ist daran interessiert, ein bisschen weniger Wohlstand zu haben, dafür aber sein Wertesystem, seine Freiheit und Unabhängigkeit zu halten. Diese Rechnung ist natürlich sehr schwer zu führen, weil man nie weiß, ob sie erfolgreich ist. Daher hat man hier natürlich eine Diskrepanz, die sich durch die gesamte Menschheitsgeschichte zieht.

Welchen Zusammenhang sehen Sie dann von Börse/ Finanzmärkten und Krieg?

Erstens: Im Krieg sperren die Börsen zu. Zweitens: Der Finanzsektor ist im Krieg unter Totalkontrolle des Staates. Reden wir also über den Frieden: Wir kennen die hysterischen Reaktionen der Börsen auf kleinste Ereignisse. Soviel dazu. Da natürlich Rüstungsunternehmungen an der Börse notiert werden, muss ich der Vollständigkeit halber sagen, dass es den reinen Rüstungsbetrieb, der sich um nichts anderes außer Rüstung kümmert, heute eigentlich nicht mehr gibt. Fast alle Unternehmen betreiben die Rüstungen nebenbei, oft auch mit Widerwillen, weil die Gewinnspannen im Rüstungsbereich relativ gering sind. Der Staat schreibt diese nämlich vor und überprüft die Kosten sehr genau.

In der Zivilwirtschaft kann man sagen, „wie viel ist der Kunde bereit zu zahlen", oder, „mal schauen, was die Konkurrenz macht" — je nachdem kann man mit dem Preis etwas rauf- oder heruntergehen. Im Bereich der Rüstungswirtschaft sind die Reglementierungen sehr deutlich, weil der Staat natürlich sehr genau wissen will, was die Firmen verdienen. Der Netto-Verdienst bei Rüstungsgütern ist so gering, dass sich viele Firmen überhaupt weigern, bei militärischen Ausschreibungen mit zu bieten. Viele Unternehmen, die über Jahrzehnte nur im Rüstungsgeschäft tätig waren, sind daher auch vom Anbietermarkt verschwunden.

Es gibt dann Firmen wie Boeing, Lockheed, General Electric, United Technologies, Litton Industries, oder Airbus/EADS, die auch in großem Umfang Militärgüter herstellen. Firmen, die teure, spezielle Kriegsgüter erzeugen, sind oft Monopolisten, weil man eben nur einen Flugzeugträger alle fünf Jahre in Dienst stellt und jedes Jahr bestenfalls ein Atom-U-Boot, daher auch nur einen oder zwei Nuklearreaktoren baut. Man kann daher nicht sagen, welche Unternehmen an der Börse besser abschneiden. Wir wissen, dass bei Unternehmungen, die Rüstungsaufträge bekommen, die Aktienkurse steigen, aber nicht mehr als bei Zivilfirmen, die einen Großauftrag erhalten. Fällt eine Firma bei einer Ausschreibung durch, stürzt die Aktie genauso ab.

Gibt es zumindest Innovationen, die im Krieg gemacht wurden, die dann zivil genutzt werden?

Die Massenproduktion hat sicher mit der Erzeugung von Handfeuerwaffen, Uniformen und Ähnlichem eingesetzt. Aber die wirklich entscheidende Massenproduktion kam durch den Automobilbau. Sie hat dazu geführt, siehe den Taylorismus und Fordismus, dass die Arbeitskräfte bei Kriegsbeginn, besonders in den USA, in der Produktion nur wenige Handgriffe am Werkstück durchführen mussten. Dadurch konnte man natürlich auch mit kurz angelernten Arbeitern einen extrem hohen Output erzielen. Das waren weitgehend standardisierte Rüstungsgüter und so sind hunderttausende Waffen oder Fahrzeuge mit vollkommen identischen Bauteilen, Munitionstypen, Motoren, Getrieben, Generatoren, Vergasern etc. erzeugt worden. Das galt auch für Panzer, Flugzeuge, Schiffe, Funkgeräte und Pioniergerät.

Im Deutschen Reich war das ein Problem, da es dort kaum Taktstraßen gegeben hat und das Fahrzeug am

Ort komplett montiert wurde. Abgesehen vom größeren Arbeits- und Zeitaufwand, war das auch ein Problem höherer Kosten und von den Mengen her, die man erzeugen wollte oder musste, ungünstiger als das amerikanische System. Nach 1945 wurde das amerikanische System weltweit kopiert. Vieles wird nach einem Krieg genutzt, man denke an die auf Bomberentwicklungen aufbauende Zivilluftfahrt nach 1945. Innovativ waren aber auch das Apollo-Programm, SDI, das Programm für Mikro-Chips und Computer-Software, was Japans starke Stellung am Markt ab 1985 beendete.

Bis in die 80er Jahre gab es einen dominierenden „spill-over" von militärischer Technologie. Derzeit ist bei der Entwicklung auf der zivilen Seite fast ein Vorsprung entstanden, vor allem durch die Elektronikindustrie. Das Militär nutzt das durch „on-the-shelf" Beschaffungen, das heißt, man schaut sich an, was da ist, kauft und lässt nicht mehr eigene militärische Hardware nach eigenen Spezifikationen entwickeln, weil das auf Grund des raschen Generationswechsels unrentabel ist. Anders bei der Satellitenkommunikation oder der Kryptographie, wo das Militär noch der Schrittmacher ist und die zivile Seite bei den Innovationen de facto völlig ausgeschaltet bleibt; nur, bei Raketen, Kampfflugzeugen oder U-Booten fehlen logischerweise zivile Gegenstücke gänzlich.

Es gibt die Entwicklung der „Privatisierung des Krieges" durch private Söldner. Welche Debatten gibt es hier innerhalb des Militärs?

Donald Rumsfeld hatte am Anfang begrüßt, dass diese Firmen im Irak für sekundäre und tertiäre Sicherheitsaufgaben eingesetzt worden sind. Da es aber immer mehr geworden sind (2005 waren es rund 120.000), hat das Militär begonnen, diese und ihre fehlende Kontrolle

„von oben" in Frage zu stellen. Das Militär sieht an und für sich diese privaten Sicherheitsorganisationen nicht sehr gerne. Es hat hier in letzter Zeit sogar Spannungen gegeben, wobei Militärs diese Leute sogar festgenommen und in die USA zurückgeschickt haben, weil sie teilweise störend auftraten.

Auf der anderen Seite muss man sagen, dass die von US-Verteidigungsminister Leslie Aspin jr., beziehungsweise durch Präsident Bill Clinton verfügten Personalreduktionen bei den Streitkräften zu derartigen Lücken geführt hatten, dass man gezwungen war, im Irak für verschiedenste Sicherheitsaufgaben, vor allem im Personen- und Objektschutz, auf diese zivilen Firmen zurückzugreifen.

Inwieweit integriert sich Militär im Wiederaufbau?

Wir wissen, dass die US-Armee eigentlich bisher traditionsbedingt nie Nation-Building oder Peace-Building-Aufgaben nach Interventionen bzw. Kriegen durchgeführt haben. Das wurde meistens den internationalen (UNICEF, UNESCO, UNRRA) oder nationalen Hilfsorganisationen wie CARE überlassen und später kamen dann die oft zitierten NGOs.

Die europäischen Streitkräfte haben sich aufgrund der Peace-Keeping-Aufgaben, die sie in den letzten 30 Jahren, schon fast 40 Jahren, durchgeführt haben, auf Nation-Building, State-Building und Society-Building spezialisiert. Heute verwendet man dafür den Begriff CIMIC, die zivil-militärische Kooperation in Krisengebieten.

Das US-State-Department und das US-Defense-Department haben sich 2003 darauf geeinigt, zehn Nation-Building-Verbände aufzustellen. Diese sind im Schnitt zwischen 1.000 und 1.500 Mann stark und sollen alles beinhalten, was man für Nation-Building/CIMIC benötigt. Sie bestehen aus Ärzten, Lehrern, Leuten, die die Verwaltung in Gang setzen, Sicherheitspersonal und sonstige Experten, die man braucht, um eine zusammengeschlagene, soziale oder politische Struktur wieder in Gang zu setzen, ob das jetzt Schulen, Krankenhäuser oder irgendwelche Polizeiorganisationen sind.

Das ist eine Änderung gegenüber dem, wie das bisher gehandhabt wurde. An und für sich ist es nicht die Aufgabe des Militärs, die Arbeit von Baufirmen durchzuführen. Das war weder nach dem Zweiten Weltkrieg noch in Korea oder Vietnam der Fall. Das war immer Sache der nationalen Regierungen und von Hilfsprogrammen, sofern sie funktioniert haben.

Peace-Keeping

Peace-Keeping (engl. für Friedenserhaltung), bezeichnet in der Regel die friedliche Intervention internationaler Friedenstruppen der UN (so genannte Blauhelme) in einem bewaffneten Konflikt, um nach vereinbarter Waffenruhe weitere Gewalttätigkeiten zu verhindern.

Quelle: Andrea Liese, Peace-Keeping, in: Dieter Nohlen und Rainer Olaf Schultze (Hg.), Lexikon der Politikwissenschaft. Theorien, Methoden, Begriffe, Band 2, München 2004, Seite 651

Hinweis des Autors: Peace-Keeping ist heute auch Aufgabe der amerikanischen Streitkräfte (siehe FM 3.0 Operations), der EU im Rahmen der Petersberg Aufgaben sowie der NATO.

Ökonomische Effekte eines Krieges lassen sich nicht gleich absehen, oder?

Kaum! Es gibt mehrere solcher Fälle, die sich in der Wirtschaftsliteratur finden: Dadurch, dass Frankreich aus dem Saarland, das es seit 1918 besetzt hatte, Unmengen an Kohle herausgeholt hat, sind Investitionen in die französische Kohleindustrie weitgehend unterblieben. Die französischen Bergwerke waren von ihrem technischen Stand her 1940 in einem furchtbaren Zustand. Dieser Mängel konnten auch nach 1945 nicht mehr behoben werden.

Der zweite Fall ist, dass die Beschlagnahme der deutschen Schiffe und Fischereiflotten 1919 dazu geführt hatte, dass die Briten nicht mehr in die britische Fischerei investiert haben. Ein weiteres, geradezu banales Beispiel sind Demontagen, die die französische Regierung auf deutschem Boden 1945/46 durchgeführt hat, wobei man deutsche Werkzeugmaschinen und Industrieanlagen nach Frankreich gebracht hat. Die Deutschen haben dafür natürlich im Zuge des Wiederaufbaus nach Einsetzen der Marshall-Plan Hilfe und aus eigener Anstrengung begonnen, neue Maschinen hinzustellen. Dies hatte den Erfolg, dass die Produktivität der deutschen Wirtschaft schon 1950/51 höher war als jene Frankreichs und Großbritanniens. Wer neu beginnt, hat neue Chancen. Japan ist ein weiteres Paradebeispiel.

Kann man sich als Soldat eine Welt ohne Krieg vorstellen?

Militärs sind, und das werden Ihnen alle Militärs bestätigen, keine kriegslüsternen Typen, die nichts anderes im Kopf haben, als den nächsten Krieg zu planen und zu führen. Militärs sind aber sehr wohl jene Typen, die den Krieg vorzubereiten haben — das ist ein Auftrag, den sie von der Politik bekommen — und zwar so, dass er entweder nicht stattfindet, oder dass man ihn gewinnt. Die Schweiz oder Schweden sind dafür gute Beispiele, Österreich in den beiden letzten Jahrzehnten eher ein schlechtes.

Ein Militär, das nicht für eine Kriegsaufgabe vorgesehen ist, ist eigentlich kein Militär und kann man auflösen. Wenn sich ein Staat Militär nur etwa für den Hochwassereinsatz oder Sportveranstaltungen hält, kann er genauso gut eine technische Nothilfe oder die Feuerwehr verstärken, da er dazu kein Militär braucht. Natürlich kann sich jeder Soldat vorstellen, dass es keinen Krieg gibt. Es gibt aber Situationen, wo das Militär gefordert ist, dass es einen Krieg sehr wohl und auch erfolgreich führen kann.

Natürlich gibt es hier sehr heftige Diskussionen, auch unter den Militärs und zwischen Militär und Politik, wobei interessanterweise die Militärs eher die Bremser sind. Colin Powell war bekannt dafür, dass er ein klassischer „Bremser" war, ein intellektueller Soldatentyp, der gesagt hat, Krieg sei das allerletzte Mittel der Politik, und bevor er diesen Schritt setzt, sollte man alles andere erst abwägen. US-Außenministerin Madeleine Albright hingegen klagte, das Militär lehne immer wieder Interventionen ab: Wenn das Militär angeblich so gut ist, warum setzt man es dann nicht ein? General Tommy Franks meinte, wenn ich in einen Krieg wie gegen den Irak hineingehe, dann will ich absolute Sicherheit haben, dass wir diesen Krieg in kürzester Zeit und mit geringsten Verlusten gewinnen können und ich brauche dafür 400.000 Mann. Die Politik hat daraufhin gesagt, dass es 160.000 Mann auch tun müssen. Tommy Franks erwiderte darauf, dass dies dann das Risiko der Politik sei.

Das Schlimme ist, dass die Politiker, wenn etwas schief geht, dann immer sagen, die Militärs hätten Schuld. Siehe die laufende Ablöse von Generälen im Irak, denen man ab 2004 Unbotmäßigkeit und angebliche Unfähigkeit vorwarf. Um auf den Punkt zu kommen: Man könnte natürlich zu einem philosophischen Schluss kommen und sagen, das Militär hätte eigentlich den Auftrag,

Krieg zu verhindern. Die Politik sieht das, wie man aus den letzten 2000 Jahren weiß, aber sehr oft anders.

Was ist daher Ihre Vision von der Zukunft?

Kriege wird es weiterhin geben. Es sieht alles danach aus und ich glaube, Huntington hat Recht — der „Clash of Civilizations" findet, in welcher Form auch immer, statt. Ob er in Form von zukünftigen Kriegsoperationen im klassischen Sinn, Terror oder Nuklearkrieg, symmetrisch oder asymmetrisch oder in Kombination von all dem — den „Hybrid Wars" — stattfinden wird, wird sich zeigen. Aber wir wissen ungefähr, wo es hinläuft, und die Zukunftsvisionen sind nicht sehr erfreulich. Wenn der Iran heute Raketen mit 2.000 Kilometer Reichweite entwickelt und dazu Atomwaffen, stellt sich die Frage, inwiefern er diese braucht. Um in den Jemen oder in den Sudan zu schießen? Wohl kaum! Er könnte in Richtung Israel und Europa schießen. Das kann ich mir gut vorstellen.

Es wäre daher ganz gut und auch sinnvoll, wenn Europa auf der Hut ist und sich Gedanken darüber macht, wie man solche Gefahren abwendet. Diese Bedrohung hat nicht Europa erfunden, sondern Europa wurde über die Hintertür mit dieser konfrontiert. Da einfach wegzusehen ist schlichtweg dumm. Der Iran sagte früher, er rüste auf wegen des Iraks. Nur der Irak hat heute weder Raketen noch Massenvernichtungswaffen.

Wären zivile Projekte um das gleiche Geld, das man in Militär investiert, erstrebenswerter?

Da haben wir wieder das Problem, wie viel ist mir die Sicherheit eines Landes wert? Natürlich kann man in zivile Projekte investieren, wenn man aber nicht mehr in militärische investiert, wird irgendwann die eigene

Sicherheit so stark darunter leiden, dass ein potentieller Aggressor die Gelegenheit zum Zuschlagen vielleicht wahrnimmt.

Ein klassischer Satz, der vor zwei Jahren in Alpbach gefallen ist, und zwar von einem Vertreter der Weltbank, lautet: „Die schwachen Reichen müssen sich vor den starken Armen in Acht nehmen." Und das gilt für die gesamten Industriestaaten. Ein Mittelding zwischen beiden, ein Dialog mit den starken Armen, wird eine Jahrzehnte dauernde Aufgabe der Politik sein. Ohne Konsens wird es zu Konflikten kommen — zu schwerwiegenden Konflikten.

Die Probleme, die wir in Europa haben, liegen aber in ganz anderen Bereichen. Das sind die Überalterung der Bevölkerung, die demographische Entwicklung, die Unfinanzierbarkeit der Sozialllasten eben aufgrund dieser demographischen Entwicklung, Überfremdungsängste der Bevölkerung und die Frage, wie weit wir dieses Friedensprojekt Europa überhaupt finanzieren können. Das sind die Hauptthemen, die uns beschäftigen werden. Die anderen Dinge, wie Rüstung oder Kriegsgefahr, laufen auf der Nebenschiene und sind kaum im Zentrum der Überlegungen. Die Politik der EU wie auch die der Einzelstaaten haben auf diese Dinge keine Antwort und das sehen wir.

Politiker sagen, wir können den Terrorismus heute nicht bekämpfen, sondern wir können nur schauen, was die Ursachen sind. Aber wir wissen in Wirklichkeit auch die Ursachen nicht, denn die Terroristen kommen alle eher aus dem Mittelstand. Es ist nicht der verzweifelte Mob der Millionenstädte der „Dritten Welt", der sich und Hunderte andere in die Luft sprengen will — das sind fanatische Überzeugungstäter. Diese Frage wird den Politikern gestellt werden, nur glaube ich nicht, dass Tagungen der EU Verteidigungs- und Sondersitzungen der EU-Innenminister oder noch mehr Überwachung unserer Lebensbereiche an diesen Realitäten und Unsicherheiten sehr viel ändern werden.

Krieg ist Teil eines unmenschlichen Skandals

PETER LOCK

Was ist Ihrer Meinung nach der Preis des Krieges?

Die Frage ist für mich deshalb schwer zu beantworten, weil ich der Ansicht bin, dass Krieg, so wie wir ihn kennen, ein Auslaufmodell ist. Die menschliche Gesellschaft ändert sehr dramatisch ihre Lebensverhältnisse und zwar so, dass Kriegsführung mit einem politischen Ziel immer weniger möglich wird. Das gilt insbesondere für den Irak, der eine Insel in einer neoliberal durchstrukturierten Welt war, in der die Lebensmittelversorgung der Menschen zentral administrativ durch das „Oil for Food"-Programm geregelt war. Die Menschen im Irak waren nicht vom Funktionieren eines täglichen Markts und Warenflusses abhängig.

Daraus erklärt sich auch, warum in diesem Krieg — und das war meiner Meinung nach auch einer der letzten in dieser Form — die weltweite humanitäre Industrie sich völlig verkalkuliert hat und so in Jordanien und Syrien Flüchtlingslager errichtet hat und niemand kam. Der Irak war der einzige Ort auf der Welt, an dem die Störung der Infrastruktur und somit die Auswirkungen auf die unmittelbaren Bedürfnisse der Bevölkerung sich nicht in Tagen abzeichneten. Ginge man von einer US-amerikanischen Invasion in Mexiko, Brasilien, Thailand oder Indonesien aus, wäre die Überlebensfähigkeit der Menschen in 48 Stunden beendet. Es würde zu riesigen Flüchtlingsbewegungen kommen. Insofern bin ich Optimist, da ich glaube, dass keine Regierung längerfristig einen Krieg führen kann, bei dem es 20, 30 Millionen Flüchtlinge — vor allem aus den Megapolen unserer Welt — gibt, die dann kaum eine Chance haben, irgendwohin zu fliehen.

Unsere Gesellschaft hat sich dramatisch verändert. Das kann man sich in Deutschland oder Österreich daran klar machen, dass noch während des Zweiten Weltkriegs die Bevölkerung aufs Land geschickt wurde, um dort nicht nur vor Bomben sicher zu sein, sondern auch primär, um versorgt zu werden. Wenn man heute, 60 Jahre später, in Deutschland aufs Land zieht, hat man kaum eine Chance versorgt zu werden, denn die landwirtschaftliche Produktion, die wir heute haben, ist selbst eine industrielle Produktion. Wenn da der Warenfluss, zum Beispiel die Futtermittelversorgung, auch nur 48 Stunden unterbrochen ist, dann kommt es zu einem Massensterben der Schweine. Der ländliche Raum als elastische Pufferzone unserer Lebenssphäre existiert nicht mehr — das wird sich weltweit ausbreiten. So ein quasi-sowjetisches System wie im Irak gibt es kaum noch, deshalb wird es diese großen territorialen Kriege, an denen eine imperiale Macht beteiligt ist, auch kaum mehr geben.

Ich denke, der Preis des Krieges, den ein imperiale Macht heute zu zahlen hat, ist der, dass diese es nur um den Preis tun kann, sich selbst in eine faschistische Gesellschaft umzugestalten, weil nur in einem faschistisch-ideologischen Kontext eine Kriegsführung möglich ist, die keine erkennbaren politisch operativen oder ökonomischen Ziele mehr hat. Ich halte auch nichts von den vielen Thesen, dass die Vereinigten Staaten des Öls wegen — etwa an dem konkreten Beispiel Irak — Krieg führen. Denn die billigste Art und Weise sich in einem neoliberalen Weltsystem mit Öl zu versorgen ist, dass man dafür sorgt, dass ein Diktator die territoriale Kontrolle übernimmt und die Ausbeute von den großen Konzernen gemacht wird.

Daraus schließe ich, dass der Krieg, so wie wir ihn kennen, ein Auslaufmodell ist. Das heißt aber nicht, dass ich damit deterministisch sage, es wird diesen gar nicht mehr geben, lediglich die Stellen, an denen man diesen als Instrument sinnvoll einsetzen kann, verschwinden.

Deshalb bereitet man sich auf eine Politik vor, in dem die Streitkräfte überwiegend verdeckt präventiv steuernd auf politische und soziale Entwicklungen Einfluss nehmen — mit illegalen Mitteln, weil solche Dinge völkerrechtlich nicht sanktioniert sind. Ich tendiere dazu anzunehmen, dass wir weniger Ereignisse haben werden, die man vernünftig mit dem Vokabel „Krieg" belegen kann. Wahrscheinlich werden wir aber weltweit ein größeres Gewaltniveau erleiden, weil diese politische Entwicklung, wie sie sich im Moment zeigt, zu einer verstärkten Fragmentierung von Gesellschaften führt. Diese Fragmentierung ist verbunden mit einem Verschwinden des Staates. In der neoliberalen Welt gilt es als ein Ziel, Steuern zu senken und den Staat zu minimieren. Dadurch ist der Staat nicht mehr in der Lage, seine klassischen öffentlichen Güter wie Sicherheit, Erziehung und eine gewisse Rechtsordnung zu erbringen.

Die Welt wird sich in unterschiedliche Zonen von Sicherheit und Unsicherheit entwickeln und die klassischen Staatsfunktionen — nämlich die physische Sicherheit einer bestimmten Bevölkerung zu gewährleisten — werden in zunehmendem Maße von kriminellen Gewaltakteuren erbracht. Das wird ersichtlich, betrachtet man die Favellas in Rio de Janeiro oder São Paulo, die urbane Peripherie von Mexiko City oder Indonesiens. Dort ist der Ruf nach der Polizei das Dümmste, was man tun kann, da das territoriale Monopol die Ordnung zu erhalten in Händen von kriminellen Akteuren ist, die sich das schlichtweg angeeignet haben.

Wir müssen im Umgang mit der Vokabel „Krieg" darangehen, umzudenken, damit wir vorbereitet sind, auf Situationen zu treffen, die zwar der Definition entsprechend eben keine Kriege sind, aber in gleichem Maße nach unserem moralischen Verständnis unakzeptabel sind und in Bezug auf Menschenleben die gleichen Folgen haben. Man kann schon heute klar erkennen, dass die Zahl der jährlich getöteten Menschen in der Großregion Sao Paulo oder Rio de Janeiro etwa bei Weitem das übersteigt, was wir gegenwärtig noch aus Gewohnheit in Westafrika etwa als Kriege bezeichnen. Ich denke, dass man sich als Sozialwissenschafter an der Gewalt orientieren muss, der ein einzelner Mensch ausgesetzt ist, und das heißt, dass das in der öffentlichen Meinung als Krieg Beschriebene nur ein Teil des unmenschlichen Skandals ist, der mit Gewalt die physische Unversehrtheit von Menschen bedroht.

Welche neuen Erkenntnisse bieten Studien zum Thema Krieg und Wirtschaft?

Die Befunde, die in meinen Augen zukunftsweisend sind, bestätigen die Tendenz, dass die Staatlichkeit in den meisten Staaten des Südens soweit geschwächt ist, dass an eine klassische zwischenstaatliche Kriegsführung aus militärisch-operativen Gesichtspunkten gar nicht mehr zu denken ist. Das bekannte Stockholmer Friedensforschungsinstitut SIPRI ermittelt jährlich weltweit die Militärausgaben. Hinter jenen steht ja die Vorstellung, dass der Staat Kapazitäten vorenthält, um Kriege zu führen, sei es, dass man angegriffen wird oder Angriffskriege führt. Tatsächlich ist das, was in den meisten Ländern des Südens als Militärausgaben figuriert, nichts anderes als eine interne Sicherheitsfunktion und von Polizeiausgaben nicht zu unterscheiden. Kaum eine afrikanische Armee ist heute so ausgestattet, dass diese mit irgendeiner Angriffsabsicht überhaupt nur ihre Landesgrenzen erreichen könnte — es geht vielmehr um innergesellschaftliche Gewaltkonflikte.

Wenn man diese Gedanken weiterführt, kommt man zu folgendem Ergebnis: Die südlichen Staaten sind im Moment in einer schlechten Verfassung und durch die internationale Regulierung einer normalen finanziellen Ausstattung beraubt. Vorhandene Streitkräfte müssen sich in der überwiegenden Mehrzahl durch illegale Handlungen selbst alimentieren. Die Streitkräfte werden so zu Wegelagerern der Zivilgesellschaft, einfach aufgrund ihres legalen Monopols, Waffen zu tragen.

Andererseits bezeichnen wir es mit der antiquierten sozialwissenschaftlichen Formulierung als Bürgerkrieg, wenn unterdrückt fühlende Identitätsgruppen um sich schlagen, in der Bereitschaft, mit politischer Gewalt die eigene soziale Situation zu verbessern. Dies ist deshalb fraglich, da die historische Entwicklung in den Ländern, in denen wir heute Bürgerkriege beobachten, die „Figur" des Bürgers zu keiner Zeit hervorgebracht hat. Es ist also ein ideologisches Vokabel, das wir da verwenden, wenn wir von Bürgerkriegen in Afrika sprechen.

Jetzt ist die entscheidende Veränderung, die meiner Ansicht nach auch derartige Ereignisse dauerhaft determinieren wird, die, dass nach Wegfall der bipolaren politischen Konkurrenz zwischen West und Ost bewaffnete Formationen — seien es die staatlichen Streitkräfte oder seien es Oppositionsgruppen — sich nicht länger auf Waffenzulieferungen und andere materielle Unterstützungen einer der beiden Seiten stützen können. Das hat zur Folge, dass diese Formationen gezwungen sind, die Kriegsmittel für den intendierten Krieg selbst zu erwirtschaften.

Auf eine einfache plastische Formel gebracht: Ein General kann nur ein guter General sein, wenn er ein in der Regel mit kriminellen Methoden arbeitender, guter Unternehmer ist. Die Krieg führende Partei ist auf bestimmte Ressourcen angewiesen, die international handelbar sind, und muss den nötigen Zugriff haben, um dann auf dem Schwarzmarkt, auf dem es nur gegen Devisen Waffen gibt, diese zu kaufen, um somit das Kriegsgeschehen zu ihren jeweiligen Gunsten zu verändern.

Das hat meiner Ansicht nach eine Gewalt eindämmende Wirkung. Wenn sich ein General nämlich in einer aufgeheizten, so genannten ethnischen Konfrontation befindet und die Leistungsfähigkeit seiner eigenen Position im militärischen Sinne davon abhängt, dass er Ressourcen generieren kann, steht das Ressourcenproblem im Vordergrund seines Handelns. Das bedeutet aber Eingebundenheit in globale Märkte. Nur wenn irgendjemand irgendwelche Güter wegnehmen kann oder irgendetwas produzieren kann, wenn man humanitären Organisationen die Ressourcen entziehen kann, dann macht es „Sinn", diesen Krieg zu führen. Das erklärt auch, weshalb diese Bürgerkriege so unendlich lange dauern. Diese haben sich also in eine Produktionsweise transformiert, von der bestimmte Bevölkerungsteile leben.

Das bedeutet, dass es international Eingriffsmöglichkeiten in diese Zirkulation gibt, die Voraussetzungen für den Krieg sind — da kann man sich nicht herausreden. Es bedeutet zum zweiten aber auch, dass dieser General sein eigenes Gewaltverhalten so ausrichten muss, dass er seine ökonomischen Strategien nicht beschädigt.

Diese Ökonomisierung der Gewalt, dass Akteure in Abwesenheit des Staates Gewalt einsetzen und zum unverzichtbaren Ordnungsregulativ werden, führt, wenn es nicht die Figur des Krieges annimmt, zu enormen Einnahmenskonzentrationen, aber niemals zu einem stabilen staatlichen Zustand.

Ich versuche daher, die gegenwärtige Weltordnung als siamesische Zwillinge darzustellen: Da ist zum einen die Globalisierung, wie sie vom Internationalen Währungsfonds (IWF) und anderen internationalen Institutionen erzwungen wird, mit all den sozialen Fragmentierungen und der sozialen Apartheid, die diese Globalisierung mit sich bringt. Im Gegenzug dazu bildet sich etwas heraus, was ich „Schattenglobalisierung" nenne, der Zwilling, der von einer ungeheuren, in der Sozialwissenschaft bislang unterschätzten transnationalen Dynamik ist.

Dies schlägt sich darin nieder, dass in den Außenhandelspositionen vieler Länder der „Dritten Welt" gegenwärtig die so genannten Rücküberweisungen, „remittances" aus dem englischen Jargon, die größte Position der Deviseneinkünfte einnehmen. Wenn man dies etwas genauer betrachtet, dann kommt man zu dem Ergebnis, dass die legalen MigrantInnen aus diesen Ländern niemals diese Summe erwirtschaften können. Die gegenwärtige Phase der weltwirtschaftlichen Entwicklung in der neoliberalen Globalisierung ist daher begleitet von einem enormen Strom illegaler MigrantInnen, die ihr Überleben zu organisieren trachten und dann so etwas herausbilden, was noch nicht erfasst ist, nämlich transnationale Identitätsgruppen.

Schattenglobalisierung

Die Armut in den informellen Lebenswelten außerhalb der OECD-Welt ist kein statischer, isolierter Zustand. Diese Lebenswelten sind schon in globale, wirtschaftliche Prozesse eingebunden, liegen jedoch im Schatten der regulären Globalisierung. Somit kann Armut auch nicht durch den Anschluss an die Globalisierungsdynamik überwunden werden. Diese informellen Lebenswelten der Schattenglobalisierung umfassen etwa die Hälfte der Weltbevölkerung.

Quelle: Peter Lock, Zur Zukunft des Krieges - Zwischen Schattenglobalisierung und US-Militärstrategie, in: Becker/Hödl/Steyrer (Hrsg.), Krieg an den Rändern. Von Sarajewo bis Kuito, Wien 2005

Eines der herausragenden Beispiele für transnationale Identitätsgruppen, die sich bereits in den letzten 30 Jahren gebildet haben, ist die kosovo-albanische Bevölkerung. Sie wurde schon unter Tito erheblich diskriminiert, konnte zunächst legal in die Arbeitsmigration nach Westeuropa gehen und strömte dann weiter illegal in die Migration. Hier kumulieren Ressourcen politisch zwischen einer Arbeitsmigrationsbevölkerung, die weltweit verstreut sein kann, und einem in der Regel politisch kriminellen Projekt in der Herkunftsregion, sodass dort in absolut ärmlichen ökonomischen Verhältnissen bewaffneter Kampf ohne Belastung durch Steuereinnahmen organisiert werden kann.

Ein zweites Bespiel wären Armenien und die entsprechende Exil-Community, die den Krieg von Karabach vom Zaum gebrochen hat, und das Gleiche kann man auch für die georgische Bevölkerung beschreiben.

Diese tief greifenden Folgen unser gegenwärtigen Weltordnung werden aus meiner Sicht in den Sozialwissenschaften, insbesondere den Politikwissenschaften, noch nicht genügend erkannt und man spielt immer noch mit der Fiktion herum, als handle es sich darum, Staaten zu stabilisieren, zu rekonstruieren. Die Vorstellung, dass es in Afrika so etwas wie Staat gibt und dass Entwicklung in Afrika auf diesem Staat aufbauen kann, ist aus meiner Sicht absolut naiv.

Wie kann man eine Bevölkerung Ihrer Ansicht nach zur Mitarbeit bewegen?

Man muss in einem Land, in dem die Ressourcen knapp sind und wo der Staat in seinen Grundfunktionen versagt, das für das Leben Unverzichtbare — nämlich Sicherheit des Eigentums und der physischen Unversehrtheit — außerstaatlich organisieren. Wenn man in den großen Metropolen der „Dritten Welt" wie etwa Jakarta, Mexiko City oder Rio de Janeiro, die ein subhumanes Chaos mit zwischen zehn und zwanzig Millionen Menschen darstellen, minimale Ordnungsfunktionen außerhalb des Staates organisieren will, muss zwangsläufig auf das Sozialkapital von Identitätsgruppen zurückgegriffen werden, um Überlebensvoraussetzungen zu schaffen.

Diese Attraktivität der Interessensgruppen beziehungsweise die Herausbildung von einer Identitätsgruppe führt immer zur Definierung des „Anderen". So kommt es in einem kumulativen Prozess zur Wahrnehmung von Interessensgegensätzen, die politisch aufgrund der Abwesenheit eines ordentlichen demokratischen Prozesses nicht über Institutionen oder über einen Staat gelöst werden können. Daher passiert es eben häufig, dass Akteure, welche außerhalb eines staatlichen Gewaltmonopols kleine territoriale Monopole ausüben, die Konflikte stellvertretend für ihre Identitätsgruppen austragen, und das kann sehr schnell in Konflikte um Ressourcen eskalieren.

*Top 10 Empfän-
gerländer von Rück-
überweisungen 2004
(% Anteil BIP)*

Quelle:
Stefanie Hertlein und Florin
Vadean, Focus Migration,
Kurzdossier: Rücküberwei-
sungen – Brückenschlag
zwischen Migration und
Entwicklung?, Nr.5, Sept.
2006

Top 10 Empfängerländer von Rücküberweisungen 2004 (als % Anteil am BIP)

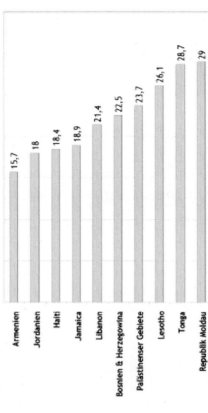

Land	%
Armenien	15,7
Jordanien	18
Haiti	18,4
Jamaica	18,9
Libanon	21,4
Bosnien & Herzegowina	22,5
Palästinenser Gebiete	23,7
Lesotho	26,1
Tonga	28,7
Republik Moldau	29

Top 10 Quell-
Länder von Rück-
überweisungen
2004

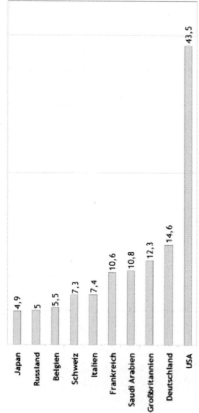

Top 10 Quell-Länder von Rücküberweisungen 2004 (in Mrd. US-$)

Quelle:
Stefanie Hertlein und Florin Vadean, Focus Migration, Kurzdossier: Rücküberweisungen – Brückenschlag zwischen Migration und Entwicklung?, Nr. 5, Sept. 2006

Ich denke, dass auf Dauer diejenigen, die das strategisch organisieren, zu einer sehr eigennützigen kriminellen Elite werden, welche sich die Erträge der Gewaltleistungen dieser Gruppe aneignen — deshalb bezeichne ich diesen gegenwärtigen Globalisierungsprozess als siamesischen Zwilling — und die Erträge der kriminellen Aneignung in der regulären Ökonomie unterbringen. Das muss nicht immer ein Chalet in der Schweiz oder eine Villa am Mittelmeer sein, aber Immobilien in London, Frankfurt oder Wien sind auch nicht schlecht. Wenn die zwangsläufige Verbindung dieser Schattenökonomie mit der regulären Ökonomie verstanden würde und der politische Wille vorhanden wäre, könnte an dieser Stelle in die Entwicklung eingegriffen werden.

Wo würde Ihrer Meinung nach die Welt heute stehen, hätten wir nicht in militärische Projekte investiert?

Ich vertrete eine Minderheitenmeinung unter den Sozialwissenschaftern zu diesem Thema: Ich glaube, dass die Militärausgaben gemessen an dem, was Ökonomien produzieren können, wenn sie vernünftig organisiert sind, kein wesentlicher Punkt unserer mangelnden Entwicklung sind. Richtig ist, dass diese Gelder unnütz ausgegeben werden. Aber in unserer Gesellschaft werden so viele Dinge verausgabt, die ebenfalls keine Wohlfahrt schaffen. Ich vermag nicht zu sehen, dass die Militärausgaben der entscheidende Faktor sind.

Ich weise die Vorstellung völlig zurück, dass man die Wohlfahrt einfach dadurch steigern könnte, dass man aus Düsenjägern und Panzern Kindergärten und Schulen baut, was man in den 80er Jahren auf Buchdeckeln linker Literatur lesen konnte. Das ist ökonomisch betrachtet platter Unsinn, denn was unsere Gesellschaft leisten könnte, um sich Wohlfahrt zu schaffen, ist ein Vielfaches von dem, was für Rüstung ausgegeben wird. Wir haben gar nicht die Fantasie, uns zu überlegen, wie viel besser wir unsere Gesellschaft gestalten könnten, wenn wir heute auf der Grundlage unserer verkorksten Ordnung dafür sorgen, dass die Menschen zum Beispiel früher in den Ruhestand geschickt werden, obwohl sie länger leben und gesünder sind. Das ist Vergeudung von gesellschaftlichen Ressourcen und Ausschluss aus der Gesellschaft. Deshalb ist für mich die Frage der Militärausgaben im Gesamtkontext gesehen nachrangig — da vertrete ich aber sicherlich eine Minderheitenmeinung.

Neoliberale Wirtschaftspolitik ist eine geistige Fehlentwicklung

GERALD MADER

Wie hoch schätzen Sie den Preis des Krieges ein?

Jeder Krieg hat seinen Preis. Dieser sind die Verbrechen, die im Krieg an Menschen und Natur verübt werden, von Siegern und Besiegten. Menschen werden gefoltert, vertrieben, vergewaltigt, barbarisch massakriert, getötet und verwundet, ihrer Menschenrechte, ihrer Menschenwürde und ihrer Existenz beraubt. Infrastrukturen werden zerstört, die Natur geplündert, verwüstet und atomar verseucht. Die Ernte eines Krieges heißt Elend, Zerstörung und Erniedrigung.

Es entspricht der Logik des Krieges, dass in der Regel nicht jene den Preis des Krieges zu bezahlen haben, die ihn angezettelt und inszeniert haben und von ihm profitieren wollen, sondern die unschuldigen Opfer, vor allem Frauen und Kinder, die selbst den Krieg nie gewollt haben.

Es gibt zahlreiche monetäre Vergleiche von zivilen und militärischen Nutzungen von Mittel, wie beispielsweise dass eine Bunkerbrecher-Bombe die Kosten der Heilung von 2.000 Tuberkulosekranken in Indien entspricht oder ein Marschflugkörper namens Tomahawk den Errichtungskosten von 650 Brunnen in afrikanischen Dürrezonen oder auch die Kriegsausgaben in der ersten Woche Irak-Krieg die weltweite Lösung des Trinkwasserproblems finanzieren könnte. Sind solche Ver-

gleiche zulässig und auch in einer wissenschaftlichen Auseinandersetzung sinnvoll?

Tatsache ist, dass für Kriegsausgaben unbeschränkt hohe finanzielle Mittel zur Verfügung stehen, während für zivile Ausgaben nur beschränkte Mittel oder gar kein Geld vorhanden ist. Wer diese einseitige Mittelverteilung zugunsten des Militärs und der Rüstungswirtschaft bekämpfen will, muss ihre krasse Ungleichgewichtung der Öffentlichkeit immer wieder vor Augen führen. Dazu können auch ungewöhnliche monetäre Vergleiche geeignet sein. Bei wissenschaftlichen Projekten wird die Beurteilung von der Anlage und der Gestaltung des Projektes abhängen.

Der Westfälische Friede

Er basiert auf den Friedensverträgen von Münster und Osnabrück nach dem Ende des Dreißigjährigen Kriegs 1648 und begründete die Entstehung souveräner Territorialstaaten in Europa.

Quelle: Neuhold/Hummer/Schreuer (Hg.), Österreichisches Handbuch des Völkerrechts, Band 1, Wien 2004

Kann der Preis für einen Krieg jemals gerechtfertigt werden? Gibt es einen gerechten Krieg?

Die Lehre vom „gerechten Krieg" stammt aus dem Mittelalter. Der Westfälische Frieden hat den „gerechten Krieg" geächtet. Seine Rückkehr wäre ein Rückfall ins Mittelalter. Auf der Agenda des 21. Jahrhundert steht nicht der gerechte Krieg, sondern der gerechte Frieden.

Dennoch müssen wir unterscheiden zwischen einem Angriffskrieg und einer echten Verteidigung. Ein Angriffskrieg ist nie gerechtfertigt. Die Verteidigung gegen einen Angriffskrieg (beispielsweise Zweiter Weltkrieg) kann jedoch legitim sein. Machtpolitische, geopolitische oder wirtschaftliche Interessen können keinen Krieg rechtfertigen. Es können sich jedoch Situationen ergeben, in welchen der Krieg trotz seiner verheerenden Folgen unter bestimmten formalen und inhaltlichen Bedingungen gerechtfertigt sein kann. Nach geltendem Völkerrecht und den Bestimmungen der UNO-Charta ist der Einsatz militärischer Streitkräfte aufgrund eines UNO-Mandates völkerrechtlich gedeckt. In diesem Fall handelt es sich aber nicht um einen Krieg im rechtlich definierten Sinn, sondern um eine Polizeiaktion der UNO bzw. der Völkergemeinschaft. Solche Polizeiaktionen stellen aber keinen Übergang zu einer „gerechten Kriegsführung" dar. Eher der Übergang vom absoluten Pazifismus zum Völkerrechtspazifismus.

Völkerrecht

Die 1945 unterzeichnete und in Kraft getretene UN-Charta gilt als erste Formalisierung des absoluten Gewaltverbots. Ausnahmen bilden das Recht auf Selbstverteidigung nach Artikel 51 und das Kapitel VII, welches Maßnahmen regelt, die bei Bedrohung oder Bruch des Weltfriedens und bei Angriffshandlungen durch den Sicherheitsrat beschlossen werden. Erst nach dem Versagen friedlicher Mittel der Streitbeilegung, können auch militärische Mittel herangezogen werden.

Quelle: Neuhold/Hummer/Schreuer (Hg.), Österreichisches Handbuch des Völkerrechts, Band 1, Wien 2004

Heute ist Europa jedoch keiner Bedrohung ausgesetzt oder hat es keinen Angriffskrieg zu befürchten. Vielmehr besteht die Gefahr, dass Interventionskriege von den USA, der NATO und europäischen Großmächten ausgehen, wie der Kosovo-Krieg und der Irak-Krieg zei-

gen. Hierbei handelt es sich um illegale, völkerrechtswidrige Kriege, worauf der ehemalige UNO-General-
sekretär Kofi Annan mit Recht verwiesen hat. Denn kein
Staat, auch nicht die Supermacht USA, kann sich selbst
zu militärischen Einsätzen mandatieren.

Die Ablehnung des Angriffskrieges spiegelt sich in der
Einstellung der Bevölkerung zum Krieg wider, die sich
seit dem Ende des Zweiten Weltkrieges und der Gründung der UNO in Europa grundsätzlich geändert hat.
Während der Krieg im 19. Jahrhundert und vor dem Ersten Weltkrieg von Politik, Militär und Intellektuellen
noch positiv bewertet wurde („Ohne den Krieg, der ein
Glied in Gottes Weltordnung ist, würde die Welt am
Materialismus versumpfen", schreibt der preußische
General Herbert von Moltke), sind diese Stimmen heute
weitestgehend verstummt. Die Militärs sprechen zwar
noch immer davon, dass man für den Krieg rüsten müsse, um den Frieden zu sichern, doch wagt die Mehrheit
der Kriegsanhänger nicht mehr, den Krieg als solchen
als etwas für den Menschen Positives darzustellen. Die
Ächtung des Krieges hat sich durchgesetzt, die von
Kriegsanhängern als „Diskriminierung des Krieges" bezeichnet wurde.

*Wie würden Sie Frieden aus Sicht eines Friedens-
forschers definieren?*

Frieden ist in jeder Sprache leicht auszusprechen, aber
schwer zu definieren, da Frieden ein komplexer, globaler und unendlicher Prozess ist. Hinzu kommt, dass wir
zwischen einem engen und einem breiten Friedensbegriff unterscheiden, seitdem Johan Galtung mit seinen
Begriffen von struktureller Gewalt, von negativen und
positiven Frieden die kritische Friedensforschung begründet und die Friedenswissenschaft revolutioniert
hatte. Der gern zitierte Satz „Frieden ist mehr als die

Abwesenheit von Krieg" bringt das Dilemma dieser Unterscheidung zwischen einem engen und breiten Friedensbegriff gut zum Ausdruck, da er die Frage offen lässt, wie der Begriff „mehr" definiert werden soll, ohne dass es zu einer Ausuferung dieses Begriffes kommt. Die Schwierigkeit der Friedensdefinition ist daher seine positive Beschreibung. Galtung hat mit seinem Begriff der strukturellen Gewalt jedoch aufgezeigt, dass eine Gesellschaft, die von Unterdrückung und Ausbeutung gekennzeichnet ist, trotz Abwesenheit von Krieg keine friedliche ist. So gesehen sind viele Staaten kriegslos, aber strukturell unfriedlich. Oder anders: Frieden setzt immer ein Minimum an Freiheit und Gerechtigkeit voraus. Wer Frieden wünscht, muss dafür sorgen, dass politische Freiheit und soziale Gerechtigkeit gedeihen.

Wenn wir Frieden thematisieren, so lässt sich die Frage nicht übergehen, ob der Mensch überhaupt friedensfähig ist. Der Mensch hat negative und positive Potenziale, er kann egoistisch und altruistisch sein, er kann Gewissen haben und dieses kann verkümmern. Er hat einen Aggressionstrieb, aber er kann ihn sublimieren, was nicht nur von ihm, sondern auch von seiner gesellschaftlichen Umgebung und deren Zivilisierung, vor allem aber von seiner Erziehung abhängt. Die Friedensfähigkeit des Menschen ist daher nicht berechenbar, aber es gibt kein Gen, welches den Menschen zum Krieg zwingt.

Mit dem Begriff Frieden ist der Begriff Konflikt verbunden. Denn der Mensch lebt nicht in einer harmonischen Gesellschaft, sondern in einer Gesellschaft, die von Konflikten geprägt ist, in der sich unvereinbare Zielsetzungen der Menschen gegenüberstehen. Aber jeder Konflikt bietet auch eine Chance, die man bei seiner Lösung nützen kann. Entscheidend ist jedoch, dass die Lösung dieser Konflikte nicht gewalttätig, sondern mit friedlichen Mitteln erfolgt, wozu die Erforschung der

Ursachen eines Konfliktes eine wichtige Voraussetzung ist. Angesichts der Gewalt, die in der Welt herrscht, angesichts der extremen Ungleichheiten in der Welt kommt daher der friedlichen Konfliktlösung eine besondere Bedeutung zu. Zivile Konfliktbearbeitung ist mit Recht heute weltweit anerkannt. Aber sie ist kein Allheilmittel.

Eine abschließende Bemerkung: Frieden ist mehr als die Abwesenheit von Krieg. Aber es gibt heute viele Völker, die schon für die Abwesenheit von Krieg sehr dankbar wären. Von einer dauerhaften und gerechten Friedensordnung kann man aber nur sprechen, wenn gleichartige Entwicklungschancen für alle Völker bestehen. Der gerechte Frieden kann immer nur ein Ziel sein, dem wir uns annähern. Der negative Frieden, die Abwesenheit des Krieges, ist aber sehr wohl ein Ziel, das im 21. Jahrhundert erreichbar ist. Entweder wird die Menschheit den Krieg oder der Krieg die Menschheit beenden.

Welche Dimensionen hat eine zukunftsfähige Friedenspolitik im Hinblick auf die Herausforderungen unserer Welt?

Die Dimensionen einer zukünftigen Friedenspolitik ergeben sich aus der doppelten Herausforderung: Kriege zu verhindern, abzuschaffen und zu einem gerechten Frieden beizutragen.

Ist der Krieg überhaupt abschaffbar?

Der Bellizismus behauptet dies mit dem Hinweis, dass es Kriege immer gegeben habe. Auch die Sklaverei hat es immer gegeben, und sie wurde abgeschafft. Die Empirie der zwischenstaatlichen Kriege spricht für die Abschaffung des Krieges, auch wenn es daneben den asymmetrischen Krieg und so genannte „Neue Kriege" gibt.

Zwischen den OECD-Staaten sind Kriege heute undenkbar geworden und der zwischenstaatliche Krieg insgesamt nähert sich seinem Ende.

Friedensforschung ist interdisziplinär. Es geht daher nicht nur um Außen- und Verteidigungspolitik, Sicherheitspolitik und Rüstungspolitik, Alte und Neue Kriege, sondern auch um Fragen der Wirtschafts- und Sozialpolitik, der Entwicklung, der Ökologie, des Umweltschutzes, der Energie- und Ressourcenpolitik, um menschliche Sicherheit, um Good Governance, vor allem aber um die Überwindung der Kluft zwischen Arm und Reich, um Fragen der Armutsbekämpfung, des Flüchtlingswesens, des Asylwesens, der Bekämpfung der Fremdenfeindlichkeit sowie der Medien-, Kultur- und Bildungspolitik.

Good Governance

Das Konzept der „Good Governance" wurde erstmals Anfang der 90er Jahre von der Weltbank propagiert und ist mittlerweile fixer Bestandteil der entwicklungs- und sicherheitspolitischen Diskussion geworden. Der Begriff beschreibt die zentrale Rolle von Rechtsstaatlichkeit, Rechtssicherheit und Verantwortlichkeit der betreffenden Regierenden und richtet sich vor allem gegen Korruption.

Quelle: Franz Nuscheler, Entwicklungspolitik. Eine grundlegende Einführung in die zentralen entwicklungspolitischen Themenfelder Globalisierung, Staatsversagen, Hunger, Bevölkerung, Wirtschaft und Umwelt, Bonn 2004

Besonders erwähnt sei auch die rechtliche Dimension. Die Friedensfunktion des Rechts ist kein untergeordneter Teil der Politik, sondern — im Gegenteil — es ist Aufgabe des Rechtsstaats, mit seiner Gewaltenteilung der Politik, der Machtpolitik Grenzen zu setzen. Die Rechtsstaatlichkeit ist eine Bedingung des Friedens, worauf Dieter Senghaas mit seinem zivilisatorischen Hexagon verwiesen hat. Über Macht- und Interessenskonflikte entscheiden im Rechtsstaat nicht eine rechtsfreie Politik, sondern unabhängige Gerichte. Es ist daher für die Friedensentwicklung, aber auch für die Entwicklung der Zivilgesellschaft wichtig, gerade diese Dimension und damit die Macht des Rechtes voranzubringen. Denn nur der juristisch kodifizierte Handlungsrahmen bietet den politischen Akteuren der Zivilgesellschaft, aber auch der Minderheit, die Sicherheit für die Verfolgung ihrer Interessen.

Das zivilisatorische Hexagon

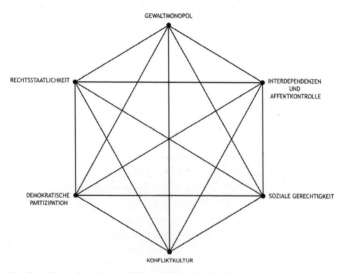

Quelle: Dieter Senghaas, Wohin driftet die Welt?, 1994

Zusammenfassend lässt sich sagen, dass in einer globalen Welt, die immer komplexer wird, die Dimensionen von Friedenspolitik zunehmen, weshalb einer kohärenten Koordinierung der Ergebnisse der einzelnen Aufgabengebiete eine besondere Bedeutung zukommt.

Was kostet der Frieden?

Nicht die Kosten sind, sondern der politische Wille ist entscheidend. Die Kosten, die mit der Vorbereitung und Erhaltung des Friedens — si vis pacem, para pacem — verbunden sind, stehen jedoch in keinem Verhältnis zu den enormen und unvorstellbaren Kosten, die mit der Vorbereitung und Führung eines Krieges — si vis pacem, para bellum — verbunden sind.

Eine Politik, die zu mehr Gerechtigkeit führen soll, erfordert nicht mehr Kosten, sondern eine gerechtere Umverteilung. Eine nachhaltige Ökologiepolitik, die für das Überleben der Menschheit notwendig ist, erspart langfristig Kosten, und diese sind umso geringer, je früher damit begonnen wird.

Gibt es einen logischen Zusammenhang von Krieg und Wirtschaft?

Kant hat auf die friedliche Wirkung des Handelsgeistes gehofft. Die Geschichte des Krieges zeigt aber, dass wirtschaftliche Interessen immer wieder einen wichtigen Kriegsgrund dargestellt haben. Hierbei ging es um wirtschaftliche Interessen der Nationen, der Eliten und von Wirtschaftsunternehmungen, auch wenn diese Interessen manchmal kollidierten. Es besteht daher ein logischer Zusammenhang zwischen Krieg und Wirtschaft, da wirtschaftliche Interessen ein Motivationsgrund für Kriegsentscheidungen sind.

Bei einer Wirtschaftspolitik, die auf einem aggressiven, brutalen und zur Kriminalität neigenden Wettbewerb beruht, ist dieser Zusammenhang zwischen Krieg und Wirtschaft besonders bedrohlich.

Wie werden Kriege finanziert?

Die Finanzierung des klassischen Krieges erfolgt durch jene, die am Krieg verdienen, durch die Rüstungsindustrie, durch Belastungen der Zukunft und vor allem durch die Belastung der eigenen Bevölkerung, an welche die Regierungen die Kriegskosten überwälzen. Viele der so genannten „Neuen Kriege" werden wie im Dreißigjährigen Krieg durch die neuen Einnahmenquellen (Besetzung, Plünderung etc.) finanziert.

Welche Rolle spielt die Rüstungsindustrie in diesem Zusammenhang?

Die Rüstungsindustrie spielt bei der Kriegsfinanzierung eine besondere Rolle. Sie ist jene Kraft, die Böses will und entgegen dem Goethe-Zitat auch Böses schafft. Die Rüstungsindustrie verkauft und akkreditiert den Ankauf von Klein- und Großwaffen und trägt damit zur Führung künftiger, eventueller Kriege bei. Die Hauptverantwortung liegt bei den USA, dem Hauptakteur der Rüstungsexportpolitik. Dann kommen schon Russland und die EU. Die Militäraufträge sind ein sehr wichtiger Motor für die US-Wirtschaft, wobei die Alliierten eine zentrale Rolle als Absatzmarkt spielen. Es werden riesige Beträge für militärische Zwecke verwendet, statt diese in zivile Forschung und zur Beseitigung der Weltarmut zu investieren.

Die EU will die amerikanische Aufrüstung und Rüstungsexportpolitik nachahmen, weil die Union glaubt, dass die EU nur dann ein glaubwürdiger Akteur der Weltpolitik sein könne, wenn sie über eine eigene Hochtechnologie in der Rüstungswirtschaft verfüge. Obwohl sie den Vorsprung der USA im Rüstungsbereich nicht aufholen kann, trägt sie damit aber zur Steigerung der Waffenproduktion und des Waffenexportes bei. Daher ist es wichtig, dass der Rüstungsauftrag des EU-Verfassungs-entwurfes entfällt und damit eine breite Diskussion über die künftige Rüstungspolitik der EU und ihrer Mitgliedsländer beginnt. Eine Aufrüstung für den Eventualfall des Krieges darf es auf Seiten der EU nicht geben, wenn sie die Ablehnung des Krieges als Mittel der Politik ernst nimmt.

Inwieweit haben wirtschaftliche Gründe dazu geführt, dass sich die Art der Kriege und die Akteure in den letzten 20 Jahren gewandelt haben?

Bereits Clausewitz sprach vom Krieg als Chamäleon. Tatsächlich haben sich in den letzten 20 Jahren neben den zwischenstaatlichen Kriegen der Nationen, die zu Ende gehen und den asymmetrischen Kriegen der USA, die hierfür zunehmend private Söldnertruppen (Irak) einsetzen, die Neuen Kriege entwickelt, die vor allem die gewalttätigen Auseinandersetzungen in den Armutsgegenden des Südens betreffen. Persönliche Sicherheit wird hier zu einem Privileg für jene, die es sich leisten können. Hierdurch hat sich die Art des Krieges (Bürgerkrieg, Staatenzerfall) geändert. Daneben gibt es neue Akteure wie beispielsweise „Warlords" und die Rolle der Privatunternehmen.

Privatunternehmen treten sowohl als Akteure als auch als Opfer auf. Diese veränderte Rolle der Privatwirtschaft erfolgt auf dem Hintergrund der wirtschaftlichen Globalisierung, wodurch die Rohstoffe im Süden zur Beute der internationalen Unternehmungen werden. Die Umsetzung dieser unternehmerischen Aktivitäten erfolgt jedoch in einer skrupellosen Art, die weder auf die Bevölkerung noch auf die Natur Rücksicht nimmt. Es sind daher diese transnationalen Großunternehmungen, die durch ihre Aktivitäten zu bewaffneten Konflikten beitragen bzw. diese verschärfen. Mit bloßen Empfehlungen à la „global compact" wird es nicht möglich sein, diese bewaffneten Ressourcenkonflikte in den Griff zu bekommen, die von internationalen Unternehmungen ausgelöst bzw. verschärft werden.

Wie sieht eine grobe Skizze einer Wirtschaftspolitik aus, die als „friedensfähig" bezeichnet werden kann?

Trotz technologischer Fortschritte und der Zunahme von materiellem Reichtum wird die Kluft zwischen Arm und Reich größer, und zwar sowohl zwischen den Staaten als auch innerhalb von Staaten. Die neoliberale Globalisierung der letzten Jahrzehnte zeigt, dass diese systembedingt Ungleichheit, soziale Ungerechtigkeit und Arbeitslosigkeit produziert. Daher muss der Staat Spielregeln schaffen, welche für soziale Gerechtigkeit sorgen, d. h. für eine auf Solidarität und Fairness beruhende Verteilungsgerechtigkeit.

Der zeitgenössische Kapitalismus in Form des so genannten Neoliberalismus ist durch folgende Entwicklungen geprägt: Entregelung, Deregulierung, Privatisierung, unbeschränkter Wettbewerb, Freihandel, freie Wechselkurse, sinkende Steuern an Unternehmen und Kapital, gleiche Steuern für Einkommen unabhängig von der Höhe (flat tax). Diese Entwicklung wäre zu stoppen bzw. in eine gegenteilige Richtung zu lenken. Hierfür gibt es bereits viele alternative Vorschläge.

Die deregulierte Globalisierung ist durch eine institutionalisierte globale Regulierung zu ersetzen, welcher bereits der Internationale Währungsfonds durch eine Änderung seiner neoliberalen Auflagenstruktur zu entsprechen hätte. Hinzu kämen die Einführung von festen Wechselkursen und die Besteuerung der Kapitaltransaktionen (Tobin-Steuer). Hinzu käme die Teilverstaatlichung, soweit es sich um die Grundbedürfnisse der

Menschen handelt. Innerhalb der EU ist es wichtig, die Unternehmenssteuern zu harmonisieren, um den derzeitigen Steuerwettbewerb nach unten zu beenden. Gleichzeitig wären aber den neuen EU-Mitgliedern höhere finanzielle Mittel für ihre strukturellen Reformen zur Verfügung zu stellen.

Die neoliberale Wirtschaftspolitik ist nicht nur eine ökonomische, sondern auch eine geistige Fehlentwicklung, da sie den Egoismus des Einzelnen und einen aggressiven, bis ins Kriminelle gehenden Wettbewerb zum gesellschaftlichen Leitwert erklärt. Es geht daher auch darum, den Kapitalismus neu zu denken. Dies ist umso notwendiger als der so genannte fossilistische Kapitalismus auf einem Ölenergiesystem basiert, das zu Ende geht. Die große Aufgabe besteht daher darin, einen „moralischen" Kapitalismus zu entwerfen, der auf einer erneuerbaren Energiestruktur beruht und der von einem radikalen Umdenken in der Politik begleitet ist.

Der Kapitalismus wird, wie Elmar Altvater es formuliert hat, nicht von einem Tag auf den anderen verschwinden wie der real existierende Sozialismus, aber er wird ein anderer Kapitalismus werden als der, den wir kennen. Ansätze einer alternativen friedensfähigen Ökonomie haben sich bereits entwickelt. Ebenso soziale Bewegungen, die diese Entwicklung vorantreiben.

Worin liegen die wichtigsten Aufgaben der künftigen Friedensforschung?

Der Raison d'être der Friedensforschung ist die Erforschung des Abbaues von Gewalt und Krieg, aber auch die Erforschung der Friedensursachen. Im Vordergrund einer interdisziplinären und wertorientierten Friedens- und Konfliktforschung sollte neben der Analyse der Realpolitik und ihrer Ursachen vor allem die Erarbei-

tung von Alternativen im Bereich von Politik und Ökonomie stehen, die insbesondere zu einem Paradigmenwechsel im Bereich der Sicherheitspolitik und der Wirtschaftspolitik führen sollen. Die EU könnte hierbei mit
gutem Beispiel vorangehen.

Der doppelte Paradigmenwechsel setzt eine radikale
Änderung des politischen Denkens der politischen Eliten
voraus, zu welcher der demokratische Druck der Zivilgesellschaft beitragen könnte. Es geht nicht um die Mo-
ralisierung der Politik, aber um eine Politik, die nicht
auf die Interessen Einzelner oder weniger Privilegier-
ter, sondern auf das Glück und das Wohlergehen der
vielen Anderen Bedacht nimmt. Es geht nicht darum,
die Machtpolitik abzuschaffen, sondern den Charakter
der Machtpolitik zu verändern, sie zu zivilisieren. Gefordert ist nicht ein philosophischer Zynismus, sondern
eine ethische Geisteshaltung, die dem Atomzeitalter
angemessen ist. Die Friedensforschung sieht die Zukunft der Welt sowohl mit Sorge als auch mit Hoffnung.

Es ist eine Minderheit, die daran verdient

JAKOB VON UEXKÜLL

Was ist für Sie der Preis des Krieges?

Der Preis des Krieges ist vor allen Dingen die Verrohung der Menschen. Wir haben mehrere Preisträger des alternativen Nobelpreises, die sich mit der Versöhnung und der Heilung beschäftigen. Man sieht, wie schnell man zerstören kann, was über Jahrzehnte, über Jahrhunderte existierte und wie schwierig es ist, dieses wieder aufzubauen, wenn das Vertrauen zerstört ist, wenn Nachbarn sich umgebracht haben. Wir sehen, wie lange es dauert, bis sie dann wieder zusammen leben und sich wieder vertrauen können. Die Verrohung und die Zerstörung von menschlichem Vertrauen: Das ist der höchst unmittelbare Preis, den ich in meiner Arbeit erlebt habe.

Wie offenbart sich für Sie der Zusammenhang von Wirtschaft und Krieg?

Kriege sind ein gutes Geschäft. Die Aufrüstung ist ein gutes Geschäft. Während des Krieges werden viele Waffen verbraucht und man kann wieder neue produzieren und daran verdienen. Nach dem Krieg muss wieder aufgebaut werden und den Verantwortlichen gelingt es ja dann oft, sich diesbezüglich heraus zu halten. Also lohnt sich Krieg für einige Menschen, die dadurch sehr reich geworden sind, doch sehr.

Aber generell ist es ja für die Volkswirtschaft nicht so?

Generell ist es natürlich eine unglaubliche Zerstörung von Gütern, Ressourcen und von Menschen. Natürlich ist der Krieg generell ein Riesenverlust — das ist klar — aber für eine Minderheit ist er ein großer Gewinn.

Alternativer Nobelpreis

Der Right Livelihood Award, hierzulande besser bekannt als „Alternativer Nobelpreis", wurde 1980 von dem deutsch-schwedischen Publizisten, Philanthropen und ehemaligen EU-Abgeordneten Jakob von Uexküll gestiftet. Mit dem Preis werden Personen und Initiativen geehrt, die auf verschiedene Weise Lösungen für Probleme unserer Zeit erarbeiten. Alle Preisträger eint die Vision von einer humaneren Gesellschaft ohne Unterdrückung und Ausbeutung, das Bestreben, die Vielfalt und die Ressourcen unseres Planeten zu bewahren, sowie einer Ethik der Gerechtigkeit und Nachhaltigkeit. Vor allem in den Ländern der „Dritten Welt" — in kaum eines ist jemals ein ‚echter' Nobelpreis gegangen — hat der ‚Right Livelihood Award' einen sehr hohen Stellenwert, weil er die Perspektiven dieser Länder und ihr berechtigtes Interesse an selbst bestimmter Entwicklung betont und unterstützt.

Quelle: www.worldfuturecouncil.org

Es gibt eine Studie aus dem Ersten Golf-Krieg, die besagt, dass man mit dem für den Krieg aufgebrachten Geld das Trinkwasserproblem der Welt hätte lösen können? Sind derartige Vergleiche zulässig?

Ich glaube, solche Relationen werden nicht oft angestellt, denn das wäre nur Theorie. Man sieht ganz klar, wenn ein Land einen Krieg entfachen will, dann gibt es keine Begrenzungen mehr. Man sagt immer, es wäre kein Geld da, aber vor dem Ersten Golf-Krieg meinte der britische Schatzkanzler in einer Rede im britischen Unterhaus, dass Großbritannien sich an diesem Krieg beteiligen werde, unabhängig davon, was dieser kosten würde und wie die Finanzlage Großbritanniens aussähe. Das war natürlich interessant, da in den Monaten zuvor für eine Reihe von wichtigen Projekten das Geld fehlte. Beim Krieg aber herrschen dann plötzlich ganz andere Regeln.

Wie, glauben Sie, finanzieren sich Kriege?

Kriege haben sich natürlich oft durch Schulden finanziert und die verlierenden Nationen können ihre Schulden nicht zurückbezahlen. Dann gibt es eventuell einen Staatsbankrott und es dauert mindestens eine Generation, bis die Folgen überwunden sind. Die meisten Kriege sind auf Pump finanziert worden oder durch Abgaben der Zivilbevölkerung. Es geht vor allen Dingen auf Kosten der besetzten Länder, also der Verlierer.

Muss man das Volk eines Staates, dessen Politiker einen Krieg initiieren, mit einer Belohnung locken, dass es dem Kriegstreiben zustimmt?

Dieser Anreiz ist natürlich oft psychologischer Natur. Ich meine, das ist immer die Frage, wieso die Deutschen Adolf Hitler zugejubelt haben. Die Hauptkosten gingen zu Lasten der besetzten Gebiete. Man hatte wohl das Gefühl, in der Welt wieder bedeutend zu sein und ich glaube, dass man deswegen so spät gemerkt hat, was dahinter verborgen war.

Betrachtet man andere Länder, den Balkan zum Beispiel, wurden natürlich Ängste geschürt — zum Teil hundert Jahre alte Ängste — mit denen die Bevölkerung für den Krieg gewonnen wurde. Wenn nicht enthusiastisch, so hat man doch mitgemacht, wegen der Angst, was einem zustoßen würde und auch aufgrund der Propaganda, die im Zeitalter des Fernsehens natürlich noch viel geschickter ist als früher. Ich kannte einen Freund, der während des Krieges in Sarajewo war und dann nach Belgrad ging, wo seine serbischen Freunde, serbische Intellektuelle, zu ihm meinten: „In Sarajewo sitzen doch die Moslems oben in den Bergen und schießen auf die Serben." Er erwiderte darauf: „Nein, es ist genau umgekehrt. Die Serben sitzen oben und schießen auf die Moslems." Seine serbischen Freunde, gebildete Menschen, lachten und sagten: „Ach, du bist also auf die NATO-Propaganda hereingefallen." Denn jeden Abend wurden im Fernsehen dort gefälschte Bilder gezeigt, welche die Serben in Sarajewo als Opfer und die Moslems als Aggressoren darstellten. Dieser befreundete Journalist, der jetzt in Schweden lebt, hat mir versichert: „Also weißt du, wenn man solche Fernsehpropaganda in Stockholm über die Südschweden macht, dann haben wir in sechs Monaten auch in Schweden einen Bürgerkrieg." Das ist also recht leicht zu bewerkstelligen.

Im Kalten Krieg wurde der Begriff des militärisch-industriellen Komplexes geprägt. Welche Rolle spielen die Medien in diesem Zusammenhang?

Sicherlich weiß jeder Industrielle heute, dass er die Medien, die zum Teil aufgekauft werden, braucht, um die Bevölkerung darauf vorzubereiten, was auf sie zukommt. Gerade wenn die Erinnerung an den letzten Krieg noch frisch ist, werden nur sehr wenige Leute damit einverstanden sein und dann wird behauptet, dass die Alternative darin bestünde, als Volk unterzugehen.

180

*Neue Waffensysteme werden immer teurer. Damit
können sich auch immer weniger Staaten derartige
High-Tech-Systeme leisten?*

Diese Spitzenwaffen, Weltraumwaffen werden zwar
teurer, so dass diese sich nur ein paar Länder leisten
können, aber Landminen und Handfeuerwaffen sind
nach wie vor billig, oder etwa Messer, mit denen Menschen in Sierra Leone amputiert werden. Also es gibt
sowohl die Schreckenswaffen des reichen Mannes als
auch die des armen.

*Wie sehen Sie die wirtschaftlichen Zusammenhänge von
Krieg und Börse?*

Da ist es wieder eine Minderheit, die daran verdient.
Einige Unternehmen haben sich sozusagen dem ver-
schrieben, wie man ganz besonders in Deutschland gesehen hat, wo große Unternehmen in den Konzentra-
tionslagern Zwangsarbeiter, Sklavenarbeiter beschäftigten und nach dem Krieg einfach ihre normale Tätigkeit
wieder aufnahmen, oft sogar in derselben personellen
Besetzung. Das ist schon erschreckend. Wie würden Sie
reagieren, wenn Sie solchen Möglichkeiten ausgesetzt
wären, sehr schnell sehr viel zu verdienen, aber durch
Sklavenarbeit?

*Im Zweiten Weltkrieg haben hunderttausende
Unternehmen in USA der Rüstungsindustrie zugear-
beitet. Würde das bei einer vollständigen Konversion
wegfallen? Wären diese Menschen arbeitslos oder wie
würde man auf zivile Projekte umsteigen?*

Es gibt eine Reihe von Studien über die Transformation
der Rüstungsindustrien in zivile Produktionen (Rüs-
tungskonversion), in Schweden etwa, die besagen, dass
dies nicht so einfach ist, weil Rüstungsunternehmen

nicht unter normalen marktwirtschaftlichen Bedingungen arbeiten, sondern sie verlangen ihren Preis und schlagen ihren Profit daraus. Es gab auch einige Versuche, solche Unternehmen in zivile Betriebe umzuwandeln, die dann statt der Produktion von Panzerwagen auf Traktoren umgestiegen sind. Diese sind jedoch meist recht schnell Bankrott gegangen — das Problem war nicht technischer Natur, sondern vielmehr die Mentalität in diesen Firmen.

Sie waren selbst schon in Kriegsgebieten. Was haben Sie empfunden?

Sehr bedrückend, bedenkt man vor allem, was dort besonders mit jungen Menschen und mit Frauen geschehen ist, dann hat man das Gefühl, dass jede erdenkliche Hilfe in keiner Relation zu dem steht, was diese Menschen durchlebt haben. Es ist unglaublich bewundernswert, wenn diese dann noch bereit sind zu vergeben — sie haben natürlich keine andere Wahl. Das ist für mich immer ein Wunder. Ich wüsste nicht, ob ich das könnte.

War das ein Anlass für Sie, den Right Livelihood Award einzuführen?

Eigentlich nicht, da der Preis ja hauptsächlich als Ökologiepreis begann. Dieser Bereich war und ist auch immer noch, meiner Ansicht nach, eine größere Gefahr als die kriegerische Auseinandersetzung. Es gibt immerhin mehr Umweltflüchtlinge bzw. Menschen, die geflohen sind, weil die Umweltsituation sich verschlechtert hat, als politische und wirtschaftliche Flüchtlinge, obwohl sich das natürlich oft nicht trennen lässt, denn immer mehr Konflikte sind umweltbedingt. Zu dem Preis aber kam es in erster Linie, weil die Nobelstiftung einen Ökonomiepreis, der nicht von Alfred Nobel selbst stammte, eingeführt hatte und ich dann auch auf einen Ökologiepreis bestanden hatte, der allerdings abgelehnt wurde.

Ich habe den Preis dann so konzipiert, dass jeder jeden, außer natürlich sich selbst, vorschlagen kann – es ist also ein sehr offener Preis. Natürlich kamen im Laufe der Jahre auch viele Vorschläge, da dieser nicht ausschließlich als Ökologiepreis konzipiert war und es sich um die wichtigsten exemplarischen Lösungen für die größten Probleme von heute handelte. Es kam natürlich auch eine ganze Reihe von Personen und Organisationen, die sich um Konfliktlösung bzw. Konfliktheilung bemüht haben, als Kandidaten in Frage und wir haben auch mehrere Kandidaten aus diesem Bereich ausgesucht. Ich kann aber nicht sagen, ob persönliche Kriegserlebnisse für mich da maßgebend waren, eher das Bewusstsein über die zunehmende Umweltzerstörung und die Frage, wie denn die Menschheit so dumm sein kann.

Wie stellt sich für Sie der Zusammenhang von Umweltzerstörung durch Krieg und Wirtschaft dar?

Die langfristigen Folgen sind das Problem, besonders bei dieser uranhaltigen Munition, bei der die Radioaktivität noch lange nachwirkt. Früher handelte es sich ausschließlich um Minen – auch da rechnet man damit, dass die Entminung an der kroatischen Grenze zu Serbien etwa, bei gleich bleibender Anstrengung, über hundert Jahre brauchen würde und in Afghanistan ist es natürlich noch schlimmer. Das Problem ist also, dass die Folgen immer langfristige sind und dass die Kosten natürlich dementsprechend zunehmend ansteigen. Vor hundert Jahren war der Übergang von Krieg zu Frieden und wieder zu Krieg sicher leichter, weil die Zerstörung aufgrund der begrenzten Zerstörungsmöglichkeiten eine geringere war.

Wo, glauben Sie, werden sich die nächsten Kriege hinentwickeln?

Einerseits wird es sich um primitive Konflikte handeln, die dort entstehen, wo die Menschen das Gefühl haben, keine Wahlmöglichkeit mehr zu haben. Es gibt ja nur noch ein Modell, das der wirtschaftlichen Globalisierung, und wenn die Menschen darunter leiden, müssen irgendwie Sündenböcke gefunden werden, wie in Indien unter der früheren Regierung zum Beispiel, wo der Hindunationalismus kriegerische Konflikte in den Ausmaßen eines Bürgerkrieges ausgelöst hat. Dort haben sich Menschen, die über Jahrzehnte friedlich als Nachbarn gelebt hatten, gegenseitig umgebracht, weil die regierende Partei ohne diese Politik keine Wählerstimmen mehr bekommen hätte. Diese verfolgten dieselbe Politik ihrer Vorgänger und schürten für Wählerstimmen kommunalen Hass, suchten Sündenböcke und stachelten die Hindus gegen die Moslems auf.

Ähnliches findet natürlich auch in anderen Ländern statt, auch der Terrorismus ist aufgrund dieses Hasses entstanden und dem Gefühl ausgeschlossen oder ein Verlierer zu sein. Ich glaube, das ist das eine und andererseits kann angenommen werden, dass die US-Amerikaner oder die Israelis sich entschließen, eine angebliche iranische Atombombe zu zerstören, mit hochtechnologischen Mitteln, die angeblich sehr präzise sind, doch aber sehr viele Zivilisten umgebracht haben, wie wir im Irak und auch in Afghanistan gesehen haben.

Im Irak hat man gesehen, dass diese angeblichen Waffen dann nicht da waren.

Ich glaube, dass das schon früher bekannt war, aber man wollte diesen Krieg, plante ihn also und suchte einen Grund dafür. Ich kann mir nicht vorstellen, dass die

US-amerikanischen und britischen Nachrichtendienste so schlecht waren und außerdem hatten sie immer noch die Möglichkeit, ein Ultimatum zu stellen und der UNO die Möglichkeit für Nachforschungen zu geben. Ich meine, dass dies eine absichtliche Lüge war und es gibt auch immer mehr Anzeichen, die darauf schließen lassen, dass das Ziel Saddam Hussein zu stürzen, andere Gründe gehabt haben könnte – er wollte zum Beispiel beginnen, das irakische Erdöl nicht mehr in Dollar, sondern in Euro zu fakturieren. Das ist meiner Meinung nach ein viel wahrscheinlicherer Grund, als die Behauptung, er hätte Massenvernichtungswaffen gehabt und diese all die Jahre trotz der Untersuchungen durch die UNO versteckt – das ist einfach unglaubwürdig.

Der ehemalige UN-Generalsekretär Boutros Boutros-Ghali hat gemeint, dass der nächste große Krieg im Nahen Osten nicht um Politik, sondern um Wasser geführt wird. Halten Sie derartige Kriege für wahrscheinlich?

Ja, auf jeden Fall. Da sind die Umweltprobleme, die auf uns zukommen – es wird also einen Krieg um immer knappere Ressourcen geben. Und je mehr Ressourcen verschwendet werden, desto gewalttätiger, häufiger und zunehmend weiter verbreitet werden diese Kriege sein. Wasser ist natürlich überlebenswichtig, aber ebenso verhält es sich mit dem Öl für eine moderne Gesellschaft. Deswegen werden diese beiden natürlich die ersten Ressourcen sein, deretwegen Krieg geführt werden wird. Präsident Eisenhower hat schon den Vietnam-Krieg dahingehend gerechtfertigt, dass dort wichtige Rohstoffe wären, Mineralien, welche die amerikanische Volkswirtschaft benötige, und deshalb könne man nicht zulassen, dass dort die Kommunisten gewinnen.

Haben Sie eine Idee, wie ein alternativer Weg aussehen könnte?

Das Hauptproblem von heute ist, dass wir zwar vieles wissen, dieses Wissen aber nicht umsetzen. Es gibt dieses Umsetzungsdefizit aufgrund eines Glaubwürdigkeitsdefizits hinsichtlich der herrschenden Politiker, und genau an dieser Stelle muss gegengesteuert werden. Wir brauchen also eine Institution in der Welt, die glaubwürdig ist und sich aus glaubwürdigen, ethisch integren und respektierten Menschen zusammensetzt. Wenn man diese in einem Gremium zusammenführt, dann handelt es sich hierbei um etwas, was über eine große Macht verfügt, keine formelle politische Macht, aber doch eine ethisch-moralische und kulturelle Macht. Diese Institution würde eine Lücke füllen, denn gegenwärtig gibt es keine solche.

Deswegen werden wir auch nur in unserer sehr oberflächlichen Eigenschaft als Verbraucher vertreten, nicht aber als Bürger mit gemeinsamen Werten. Wir wollen eigentlich nicht formell von einem solchen Rat – ich hatte diesen den World Future Council, den Zukunftsrat genannt – vertreten werden, aber wir brauchen so einen Rat, der unsere gemeinsamen Werte als Bürger vertritt. Alle Menschen wollen respektiert werden, wollen vertrauen können, wollen ihren Kindern und ihren nachfolgenden Generationen eine bessere Welt übergeben und keine schlechtere. Wir haben aber keine Stimme, die für diese Interessen, diese gemeinsamen Werte für zukünftige Generationen spricht und nicht nur spricht, sondern auch Sorge trägt, dass diese nötigen Veränderungen, die Reformen umgesetzt werden. Der Rat wird weltweit sowohl mit Parlamentariern als auch mit der Zivilgesellschaft eng zusammenarbeiten. Das ist also ein umsetzungsorientierter Rahmen, keine neue Konkurrenzorganisation mit Vertretern verschiedener Länder, sondern mit Pionieren. Personen, die für ihr

Wissen und ihre Weisheit respektiert werden. Wenn die nötigen Ressourcen aufgebracht werden, wird dieser Rat schon demnächst entstehen.

Wie kann man sich diesen Rat vorstellen?

Es wird ein World Future Council sein, aber es sollen möglichst auch nationale und regionale Zukunftsräte entstehen, die einander Bezugspunkte liefern und zuarbeiten. In erster Linie müssen wir aber zunächst überlegen, was auf der globalen Ebene getan werden muss, auch um das Lokale zu schützen. Denn global wird es heute so gesteuert, dass selbst das letzte Dorf sich dem nicht entziehen kann — es wird nur in die falsche Richtung gesteuert. Der Rat wird einen mächtigen Gegenpol bieten, eine Zukunftslobby, weil er in ein Vakuum vorstößt und sehr viele Menschen die gegenwärtigen Prozesse ablehnen. Es gibt auch keine Lobby, keine Demonstrationen zugunsten der fossilen Energie und der Atomkraft, im Gegenteil.

Eine Energiewende wäre von vielen Menschen sehr erwünscht und würde auch viele Arbeitsplätze schaffen, aber die betreffenden Institutionen sind nur schwer zu bewegen. Es gibt Korruption, politische Feigheit und eine starke Lobby, die kurzfristige Wirtschaftsinteressen vertritt, aber keine Gegenlobby, die sich für langfristige Menschheitsinteressen einsetzt. Und diese Lobby müssen wir schaffen, um eine Art von Gleichgewicht herzustellen, damit sich die Entwicklung endlich in die richtige Richtung bewegt.

Es geht nicht um eine Gruppe von Menschen, die sozusagen bestimmen „hier geht's lang", weil wir ja schon wissen, wo es langgeht. Wir wissen, dass wir auf dem Weg in die Katastrophe sind und uns ist bewusst, was oder wohin wir wollen, aber es muss jemand die tägliche Lobbyarbeit für die Schritte von hier bis dort machen, denn genau diese fehlen uns noch. Die Politiker meinen, sie würden sich über einen Rat freuen, der sie berät und nicht nur redet, sondern ganz konkret arbeitet und eine Lobby für diese Vorschläge schafft.

Der Rat würde in vielen Ländern auch ohne direkte Gesetzesvorschläge einen Einfluss haben, denn in den Ländern des Südens, in der so genannten „Dritten Welt" ist das Hauptproblem heute, dass es keine glaubwürdige Institution gibt, die andere Normen als die der weltweiten Konsumgesellschaft setzt. Da werden zum Beispiel Menschen, arme Landarbeiter in Südindien vielleicht etwas reicher, sind aber bei den Geldverleihern noch mehr verschuldet als zuvor. Früher konnten sie sich Schuhe beim Schuster kaufen oder vielleicht auch eintauschen, wenn ihre Kinder neue Schuhe brauchten, heute ist das nicht möglich, wenn die Kinder gemobbt werden und unbedingt ein Paar Nike aus der Fernsehreklame brauchen. Die Eltern können auf keine Stimme verweisen, die eine Gegenmeinung zu dieser mächtigen Reklame vertritt, die sogar mit indischen Götterfiguren arbeitet.

Andere Institutionen und indische Umweltschützer wie etwa Medha Patkar, eine unserer Preisträgerinnen und Initiatorin der Kampagne gegen den Narmada-Staudamm, erkennen die Wichtigkeit einer Stimme, die andere Werte setzt. Indien ist ein Land, in dem wir durch unsere Arbeit mit den zahlreichen alternativen Nobelpreisträgern einen hohen Bekanntheitsgrad haben. Das Problem wäre also nicht, wie diese Stimme gehört würde — sie würde schon gehört werden.

Die globalen Ziele könnten schon viel schneller umgesetzt werden, stünden wir nicht vor so großen Herausforderungen.

Unser Preisträger Hermann Scheer hat oft darauf hingewiesen, dass es sich in Krisenzeiten leichter für große Ziele und große Schritte mobilisieren lässt. Kleine Schritte werden als unnütz und als nicht problemadäquat angesehen. Deswegen ist es wichtig, dass diese Ziele nicht in einem Rahmen von fünfzig Jahren — es ist ja immer die Rede, was wir in fünfzig Jahren alles erreichen — umgesetzt werden, denn so viel Zeit haben wir nicht mehr.

Wir müssen uns vielmehr fragen, was wir in fünf Jahren alles erreichen können — wir können nämlich vieles sehr viel schneller machen. Eine Gebäudesanierung etwa, die normalerweise einen Zeitraum von dreißig Jahren beansprucht, kann auch in nur drei Jahren durchgeführt werden. Dadurch werden sehr viele Arbeitsplätze geschaffen und da wir über die nötige Arbeitskraft, das Wissen und die Technologie verfügen, können wir uns dieses auch tatsächlich leisten. Also jede Gesellschaft kann alles, was wir machen können, das ist auch finanzierbar — es ist also ein Unsinn, zu behaupten, dass wir das nicht finanzieren könnten. Dazu benötigen wir eine Geldreform, eine Steuerreform, aber vor allen Dingen das Bewusstsein, dass es nicht darum geht, diese Verantwortung auf die nächste Generation zu verschieben — man hat ja fünfzig Jahre Zeit.

Wir haben eigentlich schon dreißig Jahre, trotz Bewusstsein über diese Problematik, verschwendet, wie auch der damalige Generalsekretär der UNO vor dreißig Jahren gesagt hat, dass wir nur zwanzig Jahre hätten und jetzt sind dreißig vergangen. Der Club of Rome hat einen Bericht über die Grenzen des Wachstums veröffentlicht, der pessimistische Aussichten prognostiziert. Damals war man davon ausgegangen, dass die Technologien und Märkte die Probleme schon lösen würden, was natürlich nicht der Fall war und auch nicht verwunderlich ist, denn Technologien und Märkte sind ja Mittel zum Zweck und wenn der Zweck ein falscher ist, dann können jene auch nichts lösen. Das heißt, dass wir andere Rahmenbedingungen schaffen müssen, für die Art von Technologien, die wir fördern und unterstützen und natürlich auch für die Märkte.

Ziel des Weltzukunftsrates ist es, Visionen zu denken und an ihrer Umsetzung zu arbeiten?

Visionen sind schon viele auf dem Gebiet der Energiewende bekannt. Alles ist technisch möglich — es wird nur nicht durchgesetzt. An dieser Stelle wird der Rat die moralische, ethische und kulturelle Macht haben, indem er dieses Umsetzungsdefizit immer wieder anprangert — schließlich beruhen alle Institutionen letztendlich auf ihrer kulturellen Akzeptanz. Sicher gibt es Gebiete, wo man bei Null anfangen, erziehen und erklären muss, und außerdem ist da noch die Geldreform. Die meisten Menschen meinen, Geld sei etwas Technisches oder Neutrales, tatsächlich wird aber ein Großteil des neuen Geldes von den Banken gegen Zinsen als Schuldgeld geschaffen.

Früher war das meiste neue Geld schuldenfrei, heute dagegen ist die absolute Menge des neu geschaffenen Geldes inflationär. Wer die Geldreform einführt, ist unbedeutend, solange die Regierungen das für wichtige Zukunftsinvestitionen benötigte Geld nicht bei privaten Banken leihen. Das ist eine politische Entscheidung von enormer Tragweite, die aber 99 Prozent der Bevölkerung nicht bewusst ist.

Der Welt-Zukunftsrat

Der Welt-Zukunfts-Rat (World Future Council) soll einer gemeinsamen Zukunft eine Stimme verleihen. Die Mitglieder des Rates würden 50 bis 100 angesehene und aufgeschlossene Personen sein, die aus verschiedenen Ländern, Lebensbereichen und Glaubensrichtungen kommen. Während sie im Rat als Privatpersonen mitwirken würden, wird es das Ziel sein, anerkannte politische und religiöse Führungspersönlichkeiten sowie Vertreter der Zivilgesellschaft, der Wirtschaft, der Wissenschaften etc. zu gewinnen, die ein Bewusstsein und ein Verständnis für globale Werte und zukunftsorientiertes Denken gezeigt haben. Der Welt-Zukunfts-Rat würde nicht für sich in Anspruch nehmen, für andere Menschen zu sprechen, sondern gemeinsame Werte und Ziele darzustellen und zu vertreten — als Bürger, die Verantwortung für die Zukunft übernehmen. Der Rat würde anstreben, als Katalysator zu fungieren, der wichtige allgemeine Anliegen anspricht und Antworten formuliert. Seine Macht wäre moralisch. Als Stimme der globalen Verantwortung würde er das Vertrauen in unsere Fähigkeit, gemeinsam zu handeln, stärken und könnte eine bedeutende Kraft für Veränderungen werden. Er könnte die Schaffung von regionalen und nationalen Räten anregen, die ihre Anliegen und Vorschläge dem Welt-Zukunfts-Rat zur Diskussion und Durchsetzung vorbringen.

Der endgültige Erfolg eines solchen Rates hängt vorrangig ab von:

1. Der Glaubwürdigkeit seiner Mitglieder.
2. Der Möglichkeit, seine Empfehlungen und Forderungen weltweit zu verbreiten.
3. Der Kontinuität seiner Arbeit, was eine beträchtliche, fortlaufende Finanzierung erfordert.

Quelle: www.worldfuturecouncil.org

Auch beim Euro hieß es, der Staat werde den Marktbedingungen unterworfen, aber in einer Demokratie sollten wir eigentlich das politische Primat haben — das sollte nicht so sein. Und um derartiges anzusprechen, anzuprangern und Alternativen aufzuzeigen, bedarf es einer dauerhaften und glaubwürdigen Institution, nicht im Rahmen einer Kommission, die sich alle paar Monate oder Jahre trifft und einen Schlussbericht abliefert, den man sich ins Regal stellt, sondern gerade so einen bewussten Rat.

Ist eine Welt ohne Krieg vorstellbar?

Wir hätten sicher auch ohne Krieg viele Probleme, aber wir sollten nicht mit Problemen leben, die wir sicherlich lösen können und ich glaube, Krieg ist ein solches Problem. Wir sind an einer Stelle, wo wir erkennen, dass ein weiterer Krieg das Ende vieler Generationen bedeuten würde, trotzdem wird es aber natürlich lokale Konflikte geben. Wir können uns kulturell entwickeln — wie das auch in längeren Friedenszeiten der Fall ist — und versuchen, ein vernünftiges Zeitalter zu beschreiten.

Ich glaube, das Niveau des menschlichen Zusammenlebens und der Diskussion über Kultur würde eine einmalige Höhe erreichen, denn wir verfügen über ein einmaliges Wissen, haben so viel erforscht und entdeckt und deswegen ist es auch erstaunlich, dass sich unser Denken nicht entsprechend weiterentwickelt hat, wie auch Einstein und andere feststellten. Hätten wir den Krieg bereits abgeschafft, hätten wir auch die Möglichkeit, unser Denken weiter zu entwickeln und mit ganz anderen Gefahren fertig zu werden, wie mit diesen neuen Technologien zum Beispiel. Diese werden eine große Herausforderung und Gefahr für uns darstellen, da sie auch für kriegerische Zwecke benutzt werden können.

Aber auch ohne Krieg leben wir nicht im Paradies auf Erden, sondern werden auch so noch sehr viel zu tun haben.

Anhang

AutorInnen und ihre Internetseiten

Elmar Altvater, Dr., Professor im Ruhestand am Institut für Politikwissenschaft, Freie Universität Berlin, www.polwiss.fu-berlin.de/people/altvater

Jörg Becker, Dr., Professor für Politikwissenschaft an der Universität Marburg, Gastprofessor in Innsbruck und Geschäftsführer des KomTech-Instituts für Kommunikations- und Technologieforschung, Solingen, www.komtech.org

Karin Bock-Leitert, Regisseurin und TV-Journalistin, Produktionsfirma Frameworx Media, www.frameworx.at

Jörg Huffschmid, Dr., Professor am Institut für europäische Wirtschaft, Wirtschafts- und Gesellschaftspolitik, Universität Bremen, Mitglied des wissenschaftlichen Beirates von ATTAC Deutschland, www.wiwi.uni-bremen.de/ewig/mitarbeiter/profs/huff schmid.htm

Friedrich Korkisch, Dr., Mitglied der Wissenschaftskommission des Bundesministeriums für Landesverteidigung, Leiter des Instituts für Außen- und Sicherheitspolitik, www.ias.or.at

Peter Lock, Dr., freier Sozialwissenschafter, Koordinator der European Association for Research on Transformation e.V., Hamburg — Moskau — Sankt Petersburg, www.peter-lock.de

Gerald Mader, Dr., Präsident des Friedenszentrums Burg Schlaining,
www.aspr.ac.at

Birgit Mahnkopf, Dr., Professorin für Europäische Gesellschaftspolitik an der Fachhochschule für Wirtschaft Berlin,
www.fhw-berlin.de/index.php?id=1937&backPID=1152&tx_profiles_daten=36&L=0

Thomas Roithner, Dr., wissenschaftlicher Mitarbeiter am Österreichischen Studienzentrum für Frieden und Konfliktlösung (ÖSFK),
www.thomasroithner.at

Werner Ruf, Dr., Professor für Internationale Politik, Universität Kassel,
www.werner-ruf.net

Peter Strutynski, Dr., Politikwissenschafter, Universität Kassel, Sprecher des Bundesausschusses Friedensratschlag,
www.uni-kassel.de/fb5/frieden

Jakob von Uexküll, MA, Stifter des Alternativen Nobelpreises, Right Livelihood Award, ehemaliges Mitglied im EU-Parlament,
www.worldfuturecouncil.org

Andreas Zumach, Journalist, UNO-Korrespondent für deutsche, schweizerische und österreichische Zeitungen, Rundfunk und Fernsehanstalten, Genf,
www.bits.de/zumach

Literaturempfehlungen

Altvater, Elmar und Mahnkopf, Birgit: Grenzen der Globalisierung: Ökonomie, Ökologie und Politik in der Weltgesellschaft. 600 Seiten, € 24,50, Münster 2007.

Altvater, Elmar: Das Ende des Kapitalismus, wie wir ihn kennen: Eine radikale Kapitalismuskritik. 240 Seiten, € 14,90, Münster 2005.

Becker, Jörg und Beham, Mira: Operation Balkan: Werbung für Krieg und Tod. 130 Seiten, € 17,90, Baden-Baden 2006.

Becker, Jörg: NGOs im Geflecht von Kriegspropaganda. In: ÖSFK (Hrsg.): Die Weltunordnung von Ökonomie und Krieg. Von den gesellschaftlichen Verwerfungen der neoliberalen Globalisierung zu den weltumspannenden politischen Ansätzen jenseits des Casinokapitalismus. Dialog 49, 304 Seiten, € 12,80, Münster − Wien − London 2006.

Huffschmid, Jörg und Bischoff, Joachim und Nick, Harry: In der Stagnationsfalle. Perspektiven kapitalistischer Entwicklung. 121 Seiten, € 12,80, Hamburg 2006.

Huffschmid, Jörg: Politische Ökonomie der Finanzmärkte. 286 Seiten, € 16,50, Hamburg 2002.

Korkisch, Friedrich: Die europäische Rüstungsindustrie: Konsolidierung und Zersplitterung. In: ÖSFK (Hrsg.): Die Weltunordnung von Ökonomie und Krieg. Dialog 49, 304 Seiten, € 12,80, Münster − Wien − London 2006.

Korkisch, Friedrich: Die österreichische Sicherheitspolitik: Die Bereiche Außenpolitik und Landesverteidigung. Partnerschaft und Substitution. 488 Seiten, Wien 1984.

Lock, Peter und Kurtenbach, Sabine (Hrsg.): Kriege als (Über)Lebenswelten: Schattenglobalisierung, Kriegsökonomien und Inseln der Zivilität. Stiftung Entwicklung und Frieden. 327 Seiten, € 12,70, Bonn 2004.

Lock, Peter: Rüstungsprozesse und Weltmarktintegration: Fallbeispiele. 188 Seiten, € 8,80, Frankfurt am Main 1998.

Mader, Gerald: Neoliberalismus ist eine ökonomische und geistige Fehlentwicklung. In: ÖSFK (Hrsg.): Die Weltunordnung von Ökonomie und Krieg. Dialog 49, 304 Seiten, € 12,80, Münster − Wien − London 2006.

Mader, Gerald: Konturen einer militärischen Globalisierung. In: ÖSFK (Hrsg.): Schurkenstaat und Staatsterrorismus. Die Konturen einer militärischen Globalisierung. Dialog 44, 239 Seiten, € 24,-, Münster 2004.

Mahnkopf, Birgit: Management der Globalisierung. Akteure, Strukturen und Perspektiven. 355 Seiten, € 22,90, Berlin 2003.

Mahnkopf, Birgit und Altvater, Elmar: Globalisierung der Unsicherheit. 393 Seiten, € 24,80, Münster 2002.

Roithner, Thomas: Der transatlantische Griff nach der Welt. Die USA und die EU im Zeitalter neoimperialer Kriege. 256 Seiten, Münster − Hamburg − London − Berlin − Wien 2007.

Roithner, Thomas (Projektleitung), ÖSFK (Hrsg.): Die Weltunordnung von Ökonomie und Krieg. Dialog 49, 304 Seiten, € 12,80, Münster − Wien − London 2006.

Ruf, Werner: Private Militärische Unternehmen. In: ÖSFK (Hrsg.): Die Weltunordnung von Ökonomie und Krieg. Dialog 49. 304 Seiten, € 12,80, Münster − Wien − London 2006.

Ruf, Werner (Hrsg.): Politische Ökonomie der Gewalt: Staatszerfall und Privatisierung von Gewalt und Krieg. Friedens- und Konfliktforschung Bd. 7. 388 Seiten, € 29,90, Opladen 2003.

Strutynski, Peter und Lüdtke, Ralph-M. (Hrsg.): Dem Krieg widerstehen: Beiträge zur Zivilisierung der Politik. Kasseler Schriften zur Friedenspolitik Bd. 6. 286 Seiten, € 9,90, Kassel 2001.

Strutynski, Peter und Lüdtke, Ralph-M. (Hrsg.): Nach dem Jahrhundert der Kriege: Alternativen der Friedensbewegung. Kasseler Schriften zur Friedenspolitik Bd. 5. 310 Seiten, € 14,-, Kassel 2000.

Uexküll, Jakob von und Girardet, Herbert: Die Zukunft gestalten — World Future Council. Aufgaben des Weltzukunftrates. 243 Seiten, € 10,-, Bielefeld 2005.

Uexküll, Jakob von (Hrsg.): Der alternative Nobelpreis. 253 Seiten, € 12,50, München 1985.

Zumach, Andreas: Die kommenden Kriege: Ressourcen, Menschenrechte, Machtgewinn — Präventivkrieg als Dauerzustand? 222 Seiten, € 8,90, Köln 2005.

Zumach, Andreas und Sponeck, Hans von: Irak — Chronik eines gewollten Krieges: Wie die Weltöffentlichkeit manipuliert und das Völkerrecht gebrochen wurde. 158 Seiten, € 6,90, Köln 2003.

Literaturtipps

Österreichisches Studien-
zentrum für Frieden und
Konfliktlösung (Hrsg.), Projektleitung Thomas Roith-
ner: Die Weltunordnung
von Ökonomie und Krieg.
Von den gesellschaftlichen
Verwerfungen der neolibe-
ralen Globalisierung zu
den weltumspannenden
politischen Ansätzen jen-
seits des Casinokapitalismus, 304 Seiten, 2. Aufla-
ge, LIT-Verlag, Oktober
2006, € 12,90, www.lit-ver
lag.de/isbn/3-8258-9723-0

Le Monde diplomatique ist
die größte Monatszeitung
für internationale Politik.
Sie erscheint heute welt-
weit in 61 Ausgaben (31
online und 30 Print-Ausga-
ben). Mehr dazu auf www
.monde-diplomatique .de.
Sie bringen schon zum
zweiten Mal den „Atlas der
Globalisierung" auf den
Markt. Er macht auf knapp
200 farbigen Doppelseiten
die ökonomische, mediale
und technologische Globa-
lisierung anschaulich und
behält dabei stets im
Blick, was sich durch sie
für die Menschen verän-
dert. Preis: € 12,-.

Filmtipp

Der Preis des Krieges wurde als Dokumentation am 24. Februar 2006 und am 1. September 2006 jeweils um 20:15 Uhr in 3Sat ausgestrahlt und kann als DVD-Kopie für private Zwecke beim Videoservice des ORF, Argentinierstrasse 30a, 1040 Wien, Tel: +43-1-70 340, Email: videoservice@orf.at, bestellt werden. Dauer: 45 Minuten.

Grafiken, Tabellen, Stichworte